鹿児島
民俗ごよみ

南日本新聞社編

南方新社

序文

つい、引き込まれる

所崎　平

おっとっと、なんと名越さんと私とは同じ誕生日という縁《えにし》があった。彼は奄美大島という、別世界で誕生。私は中国山東省青島市という異世界に誕生。青年時代、私は奄美大島奄美市に三年間、『名瀬市誌』のために、五〇ccの単車で島中を駆け巡った。だが、さすが、名越さんの島への思い入れは深く強い。私は知らなかったことばかり。

珍しい題名に、つい、引き込まれる文の運び、風景描写も巧みで、臨場感あふれ、考証もきっちんと出す。たまに、これは納得できない、とぽろり……。

三歳からの記憶があるのにもびっくり。

やさしい解説があるので、別世界のできごとも納得できる。我々の身近に引き寄せる手法や語り口調は、新聞記者時代に鍛えられたものだ。つい、引き込まれるのは最大の味である。

たとえがうまい。わかりやすい表現。軽妙で読みやすい。名越さん特有の言い回し、せりふ。よく資料を読み込んでいて、裏打ちされた論の展開。視野（範囲）が広い。「浄瑠璃『女殺油地獄』に〝三界に家ない女ながら五月五日の一夜を女の家といふぞかし〟とあるように、五月節句は元来〝女の日〟だったようだ」との説を提出している。古典にも造詣が深い。納得して「なるほど」とうなずく。「デコッサアには色花を供えるものじゃない」とも。供えると、デコッサアだけでなく、その家の男も好色になり浮気するという。なんとも人間くさい〝家の神〟ではあるなど、さらっと書く。「テチョは、コッテ牛（暴れ牛）の所在やつかまえ方を教えるが、聞く耳もあろうものか」「うららかな春の日を浴びて、田の神さあも晴がましい装いに変身した」「打ち植えまつり空白地帯の南薩は田の神石像はあるが、田の神講の希薄な地帯でもある。民俗学上の関心の的でもある」との問題提起もある。

表題のつけ方が、また、的確。きちっと物事に対していることがわかる。「涼やかな風鈴のささやき」と歌うようなリズム。

半分読んだころ、記者というものは、いいもんだなあ。仕事として、民俗行事を調べに行けるのだ、という羨望の念が離れなかった。だが、名越さんだから一年間かけて、細かく表情豊かな記事が書けたのだ。筆力もさることながら、独特な名越節の表現のうまさ。切り取り方に感心した。

令和二年二月に発刊した『鹿児島 野の民俗誌―母と子の四季―』（南方新社）では、関連市町村教育委員会に全てアンケートを出した。さすが名越さんだ。粘りづよく関係する教委からアンケートを回収し、「消滅した民俗は約四割」とし、「行事の継続を細々と努めている実態を知り、ホッと胸をなで下ろしている。そのご苦労を思うと頭が下がる。復刻を機会に消滅した民俗を復活させようという動きが一部にあることも教委の回答で分かった」と最初に述べている。今回も同じようにアンケートを取ってみたいな、と私は思ったが……。

名越さんのこれらの民俗調査は一九八六（昭和六十一）年と三十四年も前の調査であるが、正確で豊かな表現なので、今読まれても、まるで昨日のようにみずみずしく驚く。かつ、内容は利用できる価値のあるものである。つい、引き込まれる一冊であった。

（鹿児島民俗学会代表幹事）

はじめに

「かごしま民俗ごよみ」は、私が南日本新聞社の文化部に在籍した一九八六（昭和六十一）年に「くらし生活面」で、週二回の年間企画として九十五回にわたって連載したものである。従って記事に登場するご芳名の年齢は当時のままだ。また、市町村名は「平成の大合併」があり、現在とは違う地区も多いが、表題だけは合併後の現在の新市町村名として、記事の内容は、すべて旧市町村名のままとした。番外編には、私が書いた一般記事で報道された民俗記事と、その後必要と思った項目を新たに加えた。なお、文中や参考文献の著者名は敬称を省かせてもらった。

名越　護

鹿児島民俗ごよみ——目次

番外編

装丁　オーガニックデザイン

鹿児島民俗ごよみ

1 門松
鹿児島県全域

幸を呼ぶ年神の依代

日本人にとって正月は、暦年が改まる折り目というだけでなく、万事の始まりである。しかも年神が訪れ、人々に幸福をもたらす、という信仰がその基層にある。下甑島の「トシドン」で知られるように、年神は大晦日《おおみそか》の晩、集落の高い奥山からやってくるという。

年木を添えた徳之島町花徳の門松

年神が降臨する依代《よりしろ》が門松。年神祭の祭場の目印が「注連縄《しめなわ》」ということになる。年神への供物に欠かせないのがもちで、鹿児島では正月のもちを特に「トッノモッ（年のもち）」という。子供たちが楽しみにしているお年玉は、すなわち年魂・年霊（としだま）で、年神から授かったもちを食べ、生命力の更新をはかる願いが込められている。

門松は門口に左右対称に立てるのが一般的だが、もともとは家の庭に松一本を立てて神を迎えたようだ（室町末期の「洛中洛外図屏風」）。江戸時代に庭から門へ移動、現在のように門に立てるようになった。一本だった門松もその後、日本人の対《つい》好みから一対になった（樋口清之著『日本の風俗の謎』）らしい。

鹿児島の一般的な門松は、松にユズリハの枝、竹笹をくくり、根元に「年木」と呼ぶ割り木三本を寄せかけた。松の代わりにシイの木やカシなど照葉樹を門木とするところもある。輝北町市成麓では松を立てる家とシイを門木とする家とがある。西南の役で一番隊となった家は松、二番隊は出陣準備で松を取りに行く暇がなく、あり合わせのシイを立てた（小野重朗著『鹿児島歳時十二月』）という。このことから年神の依代は必ずしも松でなくともよく、常緑樹なら何でもよかったようだ。迎えた年神は、正月が終わると、他界に帰ってもらわなければならない。この年神を送る行事が南九州に広く分布する七日の「鬼火たき」で、この門松を燃やす習俗に、盆の送り火と同様、庶民の神を送る心情がにじみ出ている。

正月に門松や門木を全く立てない集落や家は意外に多い。金峰町下堂園もその一つで「先祖が戦いに出て、武勲を立てて帰宅したが、それが大晦日で、傷の手当てなどに忙しく、門松を立てる暇がなかったから」と言い伝えられている。

隣の川辺町庭月野は平家落人の子孫だと信じられている。先祖がこの地に落ちのびてきたのは暮れの二十九日で、門松を立てる間もなかった。辛苦をしのんで今も門松を立てないという。

また奄美の大和村では、身内に不幸があった年は門松を立てない。年神がケガレをきらうためだろう。なお皇室には門松を立てる風習はないという。

生活簡素化運動で、町内会からの紙の門松を張る家庭が多くなったが、二十一世紀に入り「それでは正月の雰囲気が足りない」と、家のなかにミニ門松を飾る家庭もあるようだ。

2 お潮取り

日置市吹上町

海辺で年神を迎える

新年を目前にした大晦日の深夜「お潮取り」を見ようと、吹上浜の松林に待機した。吹上町亀原の国立野営場前。まだ人の気配はない。暗闇の中、松籟《しょうらい》と潮騒が新年の気分を一段と深めてくれる。

午前零時、辺りがざわめきだした。近郷の人たちが家族単位で三々五々浜に下りる。お潮取りに行く人たちだ。お潮取りは「潮浜拝み」とか「潮浜祭り」ともいい、吹上浜一帯の人たちの新年最初の年中行事だ。

人々は波打ち際に着くと、ぬれた浜砂を手で盛って直径三十センチ、高さ十センチほどの土まんじゅうを作る。さらにその頂に、一握りずつ小さな砂だんごを盛りながら、家族の名前を唱える。家族の数だけ盛るのだという。

その場で沖に向かって手を合わせ、さらに「野間岳さあ」「金峰山さあ」など四方を拝む。家族

除夜の鐘とともに浜に下り、潮砂を取って祈る人たち

の無病息災や豊作、豊漁を祈るのだという。そして持参した手かごに潮砂をすくい入れ、二枚貝の殻を数枚拾って帰る。この夜は寒がゆるんだとはいえ、海辺は耳を切られるような寒風。身の引き締まる冷気こそ「初風」の名にふさわしい。

手かごの潮砂は早朝、家のカマド神や氏神、水神、地神など「野の神々」へ貝殻にすくって供え、初もうでする。元旦のお潮取りは、吹上浜に面した集落で今も盛んだが、亀原では月の一、十五日のほか春秋の彼岸の中日にも行う家庭が多い。

一般には山から年神を迎え、人々の生命の更新と豊穣を祈るのが正月の姿だという。年神はすなわち穀霊で、元々は祖霊神ではないかともいわれている。年神の降臨する場が門松であることは前回述べたが、吹上浜沿いの集落では、山でなく海辺で年神を迎えているように見える。お潮取りが潮を取るだけでなく、祭りの場にもなっているからだ。

なぎさは現世と他界との境目であり、「海のかなたから訪れる神々が、まず最初に現世への足跡を印す場」という信仰は南の島々でよく聞かれる。大和村大棚の「浜願」や南島の浜下りなどがその例で、なぎさは神々と人間の交流の場と意識されている。

　ぬれた潮砂を取り、これを神々に供えるのは、潮（塩）の清浄さ、霊力のほか、月読命《つきよみのみこと》が持っているという若返りの水・変若水《おちみず》の信仰や元日の若水くみ習俗とも関連があるかもしれない。今も鹿児島の古老は「若こ、おないやしつろ（若くなったでしょう）」と新年のあいさつをする。一つ年を重ねたのに若くなったというのは、蛇が脱皮して新生するように、若水を使って人は若返ると考えたのだろう。真水と潮水の違いはあるが、お潮取りにはこの心情も隠されてはいないだろうか。浜で採取した浜砂は近くの大汝牟遅《おおなむち》神社などにも奉納されている。

3 柴まつり

錦江町大根占池田

模擬狩りで豊猟予祝

　正月二日と十一日は、古来、各種の仕事始めの日。二日の農村ではクワの使い始め「クワ入レ」や「ウス起コシ」、山では「二日山」や「若木切イ」「柴《しば》ノ口開ケ」。漁村では「船祝イ」がある。一方、十一日は商家の「帳祝イ」「倉祝イ」などが続く。

　大根占町池田の旗山神社では、二日から四日にかけて「柴まつり」という柴ノ口開ケが行われた。初日の二日は、同神社から約四キロの立神神社の祭神を迎える「嫁女モライ」と、子供たちが田に

初狩りの模擬を演ずる神職たち

見立てた境内で田打ちの所作をする「田ノ口開ケ」があった。さらに帰途の白井集落で「ナンコ始メ」や女たちの裁縫始め「針起コシ」もした。最後日の四日は神々の宿替え。高尾神社で海、川での豊漁を祈願した。

　メーンは三日で、「狩猟始メ」の儀式である「柴まつり」。早朝、前迫文哉宮司（六三）が太鼓を打ちならす。以前はこの音を合図に、家々で寝かせておいたウスをコツコツたたいて「ウス起コシ」をするものだったが、もうウスのある家が少なく、この風習は見られない。

　午後、神事のあと、神主や神職、氏子らがホコや柴の束を持って近くの山に行く。まず、山の神の依代《よりしろ》に見立てたヒノキにシトギの入ったワラットや柴の束を供え、山の神に一年間の豊猟を祈る。ついで神職が近くの道端に「山の神」「もち盗人《ぬすっと》」と書いた絵入りの和紙を張る。そして「この手で盗んだのだろう」などと言いながら盗人絵の手や足、目口などを小枝で刺す。山の神のもちを取った盗人をこらしめ、山の神の歓心を買っているのだろうか。

　さらに神職は、枯れススキで長さ三十センチほどのイノシシの模型を作り、立てかけた柴に隠す。

前迫さんが「百匹の犬はケウケウ（来い、来い）と言う。千匹のシシは逃げよう逃げようとする」と唱えると、射手役の神職二人がイノシシを見つけたしぐさをして弓を射る。

見事〝シシ〟を射止めて「よく太ったシシじゃ」と戦果を誇りながら、枯れ草を集めてこの〝シシ〟を焼く。そして別に持参したワラットのシトギを前迫さんが「シシの肉じゃ」と言って、ナイフで切り、参加者全員にふるまう。参加者は「ドーン」と鉄砲ようの声を発して、これを食する。これらのしぐさを見ると、かってはこの日、実際に初狩りをし、その肉を神人共食したのではないか、と想像する。

池田の柴まつりは、諸々の仕事始め儀式の集合体になっているが、やはりメーンは狩猟始め儀式だ。この儀式が終わるまでは狩猟や山仕事はしてはいけないと言われたが「きのうから鉄砲打ちを何人も見かけた」という。

4 サンコンメ

指宿市山川町浜児ケ水

竹筒を投げ二才入り

山川町浜児ケ水で正月七日、風変わりな二才《にせ》入り行事「サンコンメ」が催された。

浜児ケ水（百六十戸）はかつて半農半漁の集落だったが、現在は漁業はすたれ、大根、ニンジンの産地として知られる純農村。サンコンメは、海岸での子供たちのナンカ（七日）正月行事「オネッタッ（鬼火たき）」の前に行う。

午後三時、地区公民館前は青年たちに顔にヘグロを塗られた子供たちが、サンコンメの開始を待つ。おばあさんたちが、ビニール袋入りのナマスを配って回り、祭り気分を盛り上げている。

バッチョ笠をかぶった少年が中央に進む。笠には「さんこんめ」「鬼面」「鬼火」と墨書した和紙が張りつけてある。この少年は、同じような和紙を張った直径約十センチ、長さ約一・七メートルのモウソウ竹をかつぐ。この竹筒の中には十円玉など硬貨（三千円分）がぎっしり詰まっている。青年はこれをかついで右へ二度、三度回して路上に投げつける。ドシッ、ジャラ、ジャラ、ジャラと大きな音が響く。すると、子供たちはこの竹筒めがけて一斉に駆け寄る。竹筒が割れて路上に飛び散った硬貨を拾うためだ。だが、竹筒は簡単には割れない。

少年たちは竹筒を交互にかつぎ、集落の辻々で同じ所作を繰り返す。そのたび子供たちが群がるのだが、竹筒はなかなか割れない。やっと海岸近くの納骨堂前広場で、バシッと鋭い音を立てて竹

銭入りの竹筒をかついで回り、地面に投げつける少年

筒にヒビが入り、路面に硬貨が散る。子供たちは歓声をあげてこれを拾い集める。大人たちは、これを遠巻きしてはやし立てるだけだ。

浜田静雄公民館長（六一）によると、この竹筒をかつぐのは数え年十五歳の男の子で、これがすむと青年クラブ入りが許された。いわゆる二才入りの儀式だが、サンコンメの語源や、なぜ銭入り竹筒を投げるのか、古老たちに尋ね歩いたが、もう誰も知らなかった。ただ、二才入りすると、地引き網漁の配分が、それまでの半人分から一人前に倍増したという。

鹿児島民俗学会員の米原正晃さん（指宿市丹波小教諭）の調査によると、指宿市の田良浜や迫田、小牧、岩元などの海岸部やそれに近い集落に「サンコメ」という二才入り儀式が昭和初期まで行われていたらしい。それは新二才が神社などで、裸で踊るなど、その所作は浜児ケ水とはだいぶ違うが、裸で踊る二才入りは枕崎や坊津のカツオ漁船の初乗りにもあったという。

いずれも正月に集中して行われており、その所作は違《たが》え、漁村部の二才入り儀式であることは間違いなさそうだ。サンコンメ、サンコメの語源は「参籠《こもり》では」との説もあるが定かではない。

5

ケーフキ節句

薩摩川内市鹿島町藺牟田

ホラ貝吹き悪魔払う

ホラ貝の音色を競う鹿島の子供たち

「ブー、ブォー」。甑島の鹿島村藺牟田で七日、子供たちの吹くホラ貝の音が終日響き渡った。

甑島では正月七日を「ケーフキ（貝吹き）節句」という。藺牟田では、多くの家がホラ貝を所持しており、この日、子供たちは朝起きると、自宅前でホラ貝を吹く。ついで辻《つじ》にとび出し、また一声。すると、一人、二人と集まってブォー、ブーとホラ貝の音の合奏。ホラの音の力強さ、美しさを競い合う。塩釜仲平収入役は「一日中吹くもんだから、ほおが痛いものだった」と少年時代をなつかしむ。

なぜ七日正月にホラ貝を吹くのだろう。塩釜正彦助役によると、藺牟田ではケーフキ節句の日に「鬼火たき」が盛大に行われた。村をオクツ、アラケの二つに分け、門松や草束などを浜に積み上げ、双方同時に点火して長く崩れない方が勝ちとした。火の燃える間、ホラ貝を吹き鳴らして気勢をあげた。この鬼火たきは、大正初期にすたれ、子供たちのホラ貝吹きだけが、七日節句の行事として残ったという。

鬼火たきは悪疫退散の火祭りだと言われ、鬼火の柱に鬼面を下げ、これを空砲や弓矢で射る風習が鹿児島には多い。甑島の各集落でも「この日、鬼が山から下りてくるので、ホラ貝を吹いて追い払う」（塩釜収入役）という。またこの日、親たちは墓に行き、飾っている松やシバの「正月花」を捨て、ヤツデの葉を供える。「ヤツデの葉が悪霊払いをしてくれるから」だと信じられている。ホラ貝の音に悪霊払いの呪力《じゅりょく》があるとする民俗は、末吉町深川の熊野神社「鬼追いまつり」（七日夜）にもみられる。

この思想は密教の修験道の影響が強い。修験道では「三昧《ざんまい》の法螺《ほら》の声は一乗の妙法の説、耳に経《ふ》るれば煩悩を滅す。当《まさ》に阿字《あじ》の門に入るべし」といい、煩悩のもとになる諸魔を退散させるとして、山伏の修業・供養の前後に今も吹かれている。

ホラ貝は、集落の情報伝達の具としても広く一般に用いられてきた。鹿島村でも終戦間もないころまでは難破船の救難信号として使われ、ホラの音が響くと、村人は一斉に浜に下り、船を出して救助活動に入った。だから、日ごろは「絶対にホラ貝を吹いてはならない」不文律があった。

ケーフキ節句のこの日だけは、何のとがめもない、とあって、どの子供も顔を真っ赤にしながらホラ貝を吹き、正月気分を満喫していた。鹿島村の正月は「いとまごい節句」の二十日までで、十五日の小正月には墓の花をヤツデからカシノキの削り花に替える。

6 エビス講

阿久根市浜

豊漁と航海安全祈る

正月十日は「十日戎《えびす》」。阿久根市浜では、かつて「海を渡るエビスさあ」として知られたエビス講が開かれた。

男女二体のエビス様は、大晦日、浜英洋青年会員の家に運ばれ、一年間のアカをすっかり落としてもらい、ここで正月を迎える。十日朝、さらに浜公民館に移され、中央祭壇に安置される。ご神体の前には大ダイと鏡もちが対で供えられ、男神の釣りざおにはマダイが掛かっている。

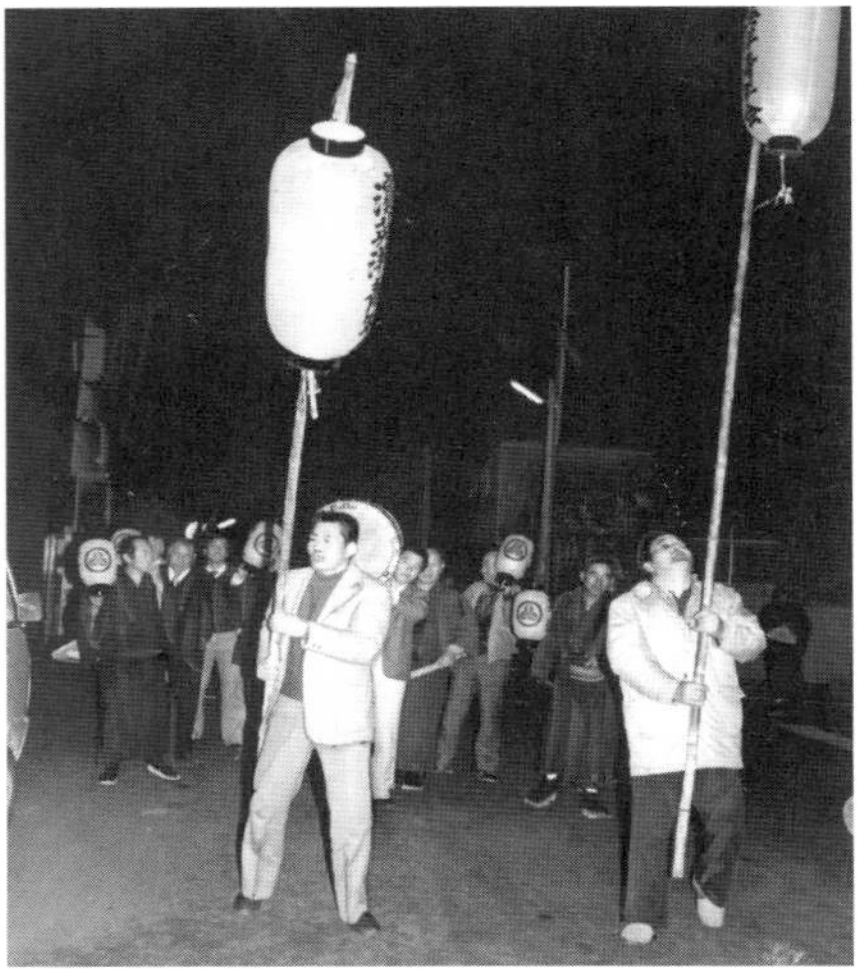

高張りちょうちんに先導されてエビスさあの“宿移り”

夕暮れとともに浦人約百二十人が集まり、大漁旗に囲まれて、にぎやかな酒盛り。座が高まった午後八時半ごろ、

〽薩摩で名所は阿久根が浦よ

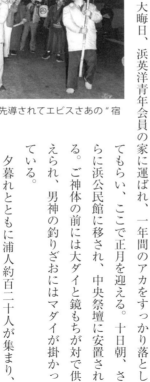

前には大島ビロの島

と送神歌「よいこん節」が朗々と響き渡る。いよいよご神体のお帰りだ。

高張りちょうちんに先導されたエビスさあは、「よいこん節」とともに浜の路地をめぐり、港橋で若い衆にバトンタッチ。例年だとフンドシ一つの裸の海の男たちが待っているのだが、ことしの青年たちはなぜか着物姿。聞くと「銭湯が廃業して、まつり後の暖を取るすべがなくなったため」だという。さらに本来は、ここでご神体は、対岸まで若者たちにかつがれて海を渡るものだったが、神社が移転した四年前から、この風習も見られなくなった。若者も減り、気勢も今一つだが、漁民の豊漁と航海安全への熱い願いが、じわり伝わってくる。

エビスは、「恵比須」「戎」「夷」などと表記される。中国では「夷狄《いてき》」といえば「異郷の未開民族」のこと。全国的にクジラやサメ、イルカをエビスと呼ぶ地方もある。本来エビスは、異郷から決まった日に現世にやってきて、人々に幸せをもたらす来訪神、漂着神と見られていたようだ。

エビス神は「海から寄り来る神霊」ということで、古くから漁民の厚い信仰の対象とされてきた。鹿児島の漁民は、今も晩酌《しゃく》や酒宴の時、まず「エビスさあ」と言って酒を膳《ぜん》の隅に二、三滴落としてから飲むし、漁の始めにも、「エビスさあ」と豊漁の祈りをつぶやく。

招福神としてのエビス神は、大黒神とともに中世以降「七福神」に加えられた。その後、「商売繁盛、ササ持ってこい」の勇ましい掛け声で有名な大阪・今宮戎神社の「十日戎」で知られるように、商業神としての性格も付与された。さらに農村では農神として、山村でも山の神を夷神《えびすしん》とする信仰などあり、エビス神は「生業を守護し、福利を招く神」とあがめられるようになったらしい。

鹿児島では、漁の神のエビス神のほか、海の神としての「竜神」、船の神の「船霊《ふなだま》」の三つの漁業神が今も信仰されている。

7 新婚宅回り子宝予祝

ダセ
指宿市山川町利永

鹿児島では、一月十四日、十五日の小正月を「モッ（望）正月」とか「若年」という。現在は太陽暦の元日が「一年の始まり」としているが、月の満ち欠けでめぐりくる季節を知った祖先たち。彼らが満月のこの日を正月と意識していた痕跡が「望年」「若年」という呼称から読み取れる。

だから小正月には種々の来訪神がやってくるし、一年の豊かな実りを予祝する古い農祭事も多い。削り掛け棒で果樹をたたき、豊熟を約束させる「ナレナレ」や「スズメ追い」「麦ホメ」「モグラ打ち」などは今も県内で点々と現存している。

「ハラメ打ち」もその一つで、山川町利永では「ダセ」と言い、十四日夕、子供たちが新婚さんのいる家々を回り、子孫繁栄と豊作を予祝する。利永中（八十七戸）では、この一年間に七組の新婚夫婦が誕生した。船員西村伊勢吉さん（五一）の長男良文さん（二七）も昨年十月、悦子さん（二三）と結ばれ、いま大阪に住んでいる。

十四カシタ（頭）の東和志君（利永小六年）、田村雄二君（同）に先導された子供たち約三十人が西村さん宅にやってきたのは午後五時すぎ。子供たちはエノキやセンダン、タブの木で作ったダセ棒を手に手に持っている。ダセ棒には赤や黒のまだら模様を施し、「福」「幸」「栄」などと、めでたい言葉を印している。刀のようにそり返ったダセ棒は、男性のシンボルをほうふつさせるのに十分だ。

ダセ棒で地面を突き、子宝を祈る子供たち

子供たちは庭先にU字型に整列すると、

〽ダーセン　ダーセン　ツギナッタ　ツギ
ナッタ
シタラベガ　ボーロ　ボロー

と唱えながら、ダセ棒で庭を掘り返す。「出せ　出せ　いっぱい成った　小さい子がワンサ、ワンサ」という意味だ。かつては、もっとエロチックな言葉だったが、いずれにしろダセ棒の呪力《じゅりょく》で「産めよ、ふやせよ」と予祝しているのだ。

だから新婚家庭は子供たちの来訪は大歓迎だ。ひとしきり庭を掘り返すと、カシタの東君と田村君は座敷に招かれ、吸い物や煮しめ、ぼたもちなどのごちそうをふるまわれる。他の子供たちにもスナック菓子などのごほうびが配られた。

利永の「ダセ」は、ダセ棒で庭を掘り返す所作が特徴。「尊い生命力を生み出すエネルギーの源」とされるダセ棒で地を突く所作は、北薩地方に分布している「モグラ打ち」にも似ている。

ハラメ打ちはもともと、子供たちが花嫁のお尻をハラメ棒でつついたり、たたくものだったらしい。垂水市柊原《くぬぎはら》では、新婚宅の垣を棒でたたく「垣打ち」があり、かなり破壊的な行為でもある。ハラメ打ちは今でこそ「花嫁を祝福する行事」だが、古形は花嫁を中心とする秘儀めいた儀礼だったのかもしれない。

8 カセダウチ
南九州市知覧町郡

異装神訪れ新築祝う

鹿児島の小正月来訪神の代表格は「カセダウチ」だ。この民俗が色濃く残る知覧町を例に見てみよう。

十四日夜、新築した家に限って異装の来訪神が訪れる。同町郡新町の鎌倉重美さん（六〇）宅にも、午後七時ごろから三～五人一組の神々が十三組訪問した。神に扮《ふん》した男女は、破れ着物に荒縄の帯を巻き、さまざまな覆面姿。かつてはミノ・カサをつけ、恐ろしい面をかぶった百鬼夜行的な異形《いぎょう》者だったという。

ゲテモノ料理をふるまわれる異装神たち

来訪神に扮した人々は、黙って戸をたたき、座敷に招かれる。鎌倉さんの歓迎も荒々しい。竹や薪の上に敷いたゴザに神々を招く。また、出されるごちそうがふるっている。オタマジャクシの泳ぐ吸い物、ヒノキの実の煮豆、ダイコンの刺し身などゲテモノばかり。酒も酢入りとあって、神様たちも悪戦苦闘の連続だ。神々は三の数字づくしの財産目録と大黒像を鎌倉さんに贈り、早々に退散した。

カセダウチの風習は、知覧町のほか入来町辻原、鹿児島市犬迫など県内数カ所に伝わっている。旧薩摩藩の宮崎県都城市谷頭などでも「カセダウリ」といって、今も行われている。熊本、大分、福岡にまたがる九州北部では「カセドリ」と呼んでいる。

カセダウチの語源について、この行事を行っている地区では「家を建てるほど稼いだ家が語源」と信じているが、まだ民俗学の定説はない。だが、民俗学研究家の小野重朗さんは、「稼ぐと関係ある話であることは、おそらく間違いはない」(『神々の原郷』)と考えている。

カセダウチやハラメウチなど小正月の来訪神は、異様な形相をし、行動も荒々しく破壊的で、現代人が抱くような神のやさしさは感じられない。神々を迎える人間も、おそるおそる神々を受け入れる風に見えるし、知覧で見られるように、ゲテモノを供して神々を困らせるのはなぜだろう。余興とも見られるが、そうとばかりも言えない面もある。ひょっとすると「美と醜」「慈愛と暴力」など民俗神の世界と人間界の価値観は百八十度逆転している、という神観念が、私たち先祖の心にあったのかもしれない。

カセダウチの語源が「稼いだ家」とするなら、奄美大島で、定規持ちの神が山から現れると信じられているセクノカミ(大工神)との関連も考えられる。ただ、カセダウチの異装神は、大黒像などの贈り物を持参、訪問を受けた家の方ももちなど与える物々交換の形式が見られる。小野さんは「大工や鍛冶《かじ》、コビキなど山を原郷とする職能集団が、自分たちが作った家などを訪れ、祝福し、交歓するための年頭の行事では」と推論する。迎える側は異郷の民を畏《い》と敬《けい》の交じった思いで迎えたのだろうか。

9

節分
錦江町田代川原上原

新春に命の再生願う

三日は「節分」。夜、大隅南部の田代町の多くの集落では「セッガイ（節替わり）」と呼ぶ、にぎやかな鬼火たきがある。ニガ竹の束を山と積み上げて点火。燃えさかる炎、ポーン、ポンとはじける竹の節――この竹の爆音で鬼を追い払うのだという。

鬼火をたき悪霊を払うセッガイ

節分は厄払いの日としても知られ、神社仏閣や各家庭で厄払いの豆まき行事が盛んに行われる。加世田地方は「数え年で男四十二歳、女三十三歳は厄年」との信仰が根強く、この厄年の者は親類・知人を招いて盛大に厄落としの宴をはる。

鬼火たきは、鹿児島ではむしろ正月行事になっている。これも鬼追い、厄払いの性格が強く意識されており、行事日は違え、田代町の「セッガイ」とほぼ同じ性格だ。

正月と節分の行事は、同じような行事が多い。両方とも、もとは新春の年迎えの行事として一つのものだったようだ。古くは一年を春秋の二季に分け、春が年の始めと考えられた。すなわち立春（新暦では二月四日ごろ）が元旦で、その前夜の節分が年越し、年取りとなる。その後、太陰暦（旧暦）が入ってきて、一月の望《もち》の日の十五日が年の始めと意識された。さらに明治五年の太陽暦の採用以降は新暦一月一日が「年の始め」とされ、元日は二転三転した。太陽暦が普及した今日でも、年賀状等で「初春」とか「迎春」と書くのは、こうした祖先の暦の変遷と暦観念の表れで、採用する暦によって正月と節分の行事日に混乱が生じたようだ。

節分に豆をまき、鬼を追い払うのはなぜか。節分のルーツは大晦日の鬼やらい「追儺《ついな》」だ。『徒然草』十九段に「追儺より四方拝に続くこそおもしろけれ」とあるので、少なくとも鎌倉末期まで追儺の行事があったことが想像される。豆を焼いてその年の吉兆を占う行事は、正月の習わしとして日本古来からあり、これと追儺が結びついて節分の行事に発展したようだ。

節分に鬼が登場するのは、中国の陰陽道《おんみょうどう》の影響を受けたためだという。悪鬼の出入りするといわれる北東の方角を「鬼門」と言うが、これを十二支で表現すると丑寅《うしとら》の方角。ウシのツノをはやし、トラの皮模様の衣をまとう節分の鬼の姿を暗示してはいないか。やはり鬼観念は中国が発祥地のようだ。

この日「福は内、鬼は外」と、鬼は悪霊の象徴として追い払われるもの、との意識が強いが、古来日本では、節替わりにやってくる異形者は祖霊の象徴でもあったらしい。だから関西では「福は内、鬼も内」と唱えるのだろう。

もともと節分は新春を迎えるにあたり、己のケガレを清めて、新しい魂の再生をはかるものだったようだ。厄年は、四日は「死」、三日は「散々」にちなんだ単なるごろ合わせに過ぎない。

10 メンドン

指宿市山川町利永

ヘグロ塗り神力得る

道行く人々にヘグロを塗りつけることで知られる山川町利永の「メンドン（面殿）」が一月十六日に行われた。

利永神社の祭神は大国主尊《おおくにぬしのみこと》だが、戦後、お伊勢講の天照大神も合祀《ごうし》、今日では両神体の合同祭的色彩が強い。

神事のあと、露払い役の正元正行公民館長（六三）の後にご神体（自然石二個）の入った厨子《ずし》が氏子二人にかつがれ、さらに鉦《かね》、太鼓が続く。その後方にはボロの着物にヒョットコやおかめ、アニメ・マンガなどの仮面を被った男女二十数人の異装集団が続き、集落の主要道を練り歩く。メンドンたちだ。

鉦、太鼓の音に誘われるように人々がぞろぞろ沿道に姿を見せる。厨子の下をくぐり、ご飯を山

道行く人を押し倒してヘドロを塗るメンドン

盛りしたどんぶりを持った氏子の代表からご飯粒を三つほど授けてもらう。

　すると、間髪を入れずメンドンの集団が、この人に来襲、尖《とが》らせた先にヘグロをたっぷり塗った大根をかざし、その人のほおや額にべっとりなすりつける。キャー、キャーと悲鳴をあげて逃げまどう娘たち。面白がって「また塗って」とせがむ子供たちの顔はもう真っ黒だ。青年が扮するメンドンたちは、通りがかった知人をめざとく見つけ、数人がかりで道路に押し倒してヘグロを塗る荒々しさ。

　塗られた人は誰も怒らない。ヘグロを塗られると「この一年、無病息災で過ごせる」と信じられているからだ。なぜ、三つ飯粒をもらい、メンドンからヘグロを塗られて喜ぶのだろうか。この光景に、疱瘡《ほうそう》（天然痘）神としてのお伊勢信仰の残影を見る思いがする。

　お伊勢講は江戸時代に全国で流行した信仰だが、大浦町などのそれに見られるように、お伊勢神は、疱瘡神でもあると信じられていた。今でこそ天然痘は地球上から根絶されたが、医療技術の拙《つたな》かった当時は「疱瘡は見目定め、麻疹《はしか》は命定め」と言われたように恐るべき疫病で、一生のうち一度はその厄《やく》を経なければならなかった。そこで、罹病《りびょう》を免れ得ない先祖たちは「かかっても、小さな疱瘡が三つ出るほど軽いように」とのまじないで、疱瘡に見立てた飯粒三つを頂いたようだ。

異装したメンドンは、毎年決まった日にやってきて、人々に幸と福をもたらす異装来訪神そのもののようだ。そのメンドンが人々にヘグロを塗るのは、むろん余興やふざけではない。来訪神が人間にヘグロを塗る民俗は、祁答院町藺牟田の「田の神戻し」に代表されるように今も多くあるからだ。神々が人間にヘグロを塗るのは、神々の持つ霊力を人間に感染させる呪術ではないだろうか。霊力を得て、人は邪悪に打ち勝つのである。

11 カーゴマー

南種子町平山

蚕神が養蚕技術暗示

南種子町に、蚕の化身が優雅な舞をする「カーゴマー」（蚕舞）が伝承されている。小正月の来訪神の一つで、養蚕の豊作を祝福する古い信仰を今にとどめる貴重な民俗だ。

同町平山の浜田集落は現在、新暦正月十五、十六日に行っている。ことしの舞手は浦口啓二郎さん（二五）と長田昭一郎さん。二人は女装し、頭から顔に白い布の頭巾《ずきん》を深くして、手に扇を持つ。ヨメジョウ（嫁様）といい、彼らが蚕神の化身。二人の後にヒョットコ面をかぶり、腰にひょうた

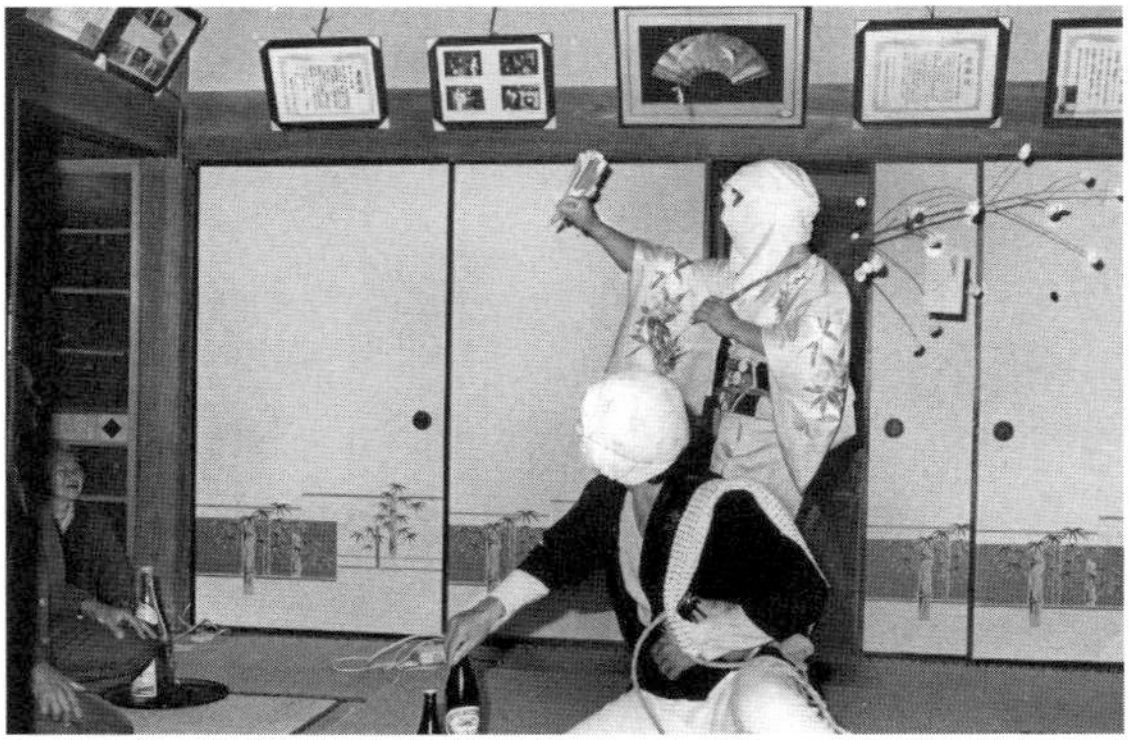

女装して優雅に舞う“蚕の化神”とゲーマー

んを下げたゲーマー（芸回）という道化役や子供たちが続き、各戸を回る。

「お祝い申す」の声に続き、鉦や太鼓に合わせ、

〽これから申す　門から申す
　この家　家は祝福舞いの家と見かけ申すよ……

祝福しに来たことを告げる歌が響くと、ヨメジョウは座敷に上がり、扇子《せんす》をかざしてしずしずと舞う。家の柱には柳の枝に、花のようにさしたゴー（もち花）が飾ってあり、ヨメジョウはこれを肩にかつぎ舞う。この間、ゲーマーは面白おかしく立ちまわり、家人から焼酎をもらって退散する。

舞い終わると、主人は鏡もちを贈る。このもちは子供たちがもらい、三角藺《い》で編んだカンザーという種子島独特のカゴに入れ、次の家へと向かう。

歌詞はかなり長いもので、蟻《あり》児のような幼虫から立派な赤マユ、白マユに成長するまでの養蚕技術の過程を暗示しているのが特徴だ。民俗研究家の小野重朗さんによると、沖縄にはバショウ布や

稲の生長過程を歌った叙事歌や神事歌がある。カーゴマーもそれと同じ性格と思われ、蚕神であるヨメジョウは、単に養蚕振興を祝福するだけでなく、複雑な養蚕作業のやり方を教えている（『民俗神の系譜』）とみられる。

カーゴマーが伝承されているのは種子島の南部だけで、西之表市ではコノミヤジョウ（蚕の宮様）といって、小正月に柳の木にさしたもち花を飾り、子供たちが前述の歌を歌って回るが、舞はない。本土ではどうだろう。種子島のような歌や舞は見られないが、大口地方では小正月に「メノモチ」といって、マユ形のもちをエノキの枝にさし、家の軒や納戸、墓などに飾る風習が今もみられる。また北薩の野田、高尾野町などの「初午講」も蚕神で、講で踊った婦人たちがシイノキの枝に飾っている初午だんごをもぎ取る講をする。これもかつての小正月の来訪蚕神の痕跡ではなかろうか。種子島のカーゴマーは古い蚕神信仰に違いないが、種子島にだけ孤立した民俗ではなさそうだ。本土の蚕神が初午講と結びついているのは、馬が養蚕の守り神だという信仰によるものだろう。

12 ウナギメェ

指宿市山川町　鰻池

地蔵前で故人しのぶ

噴気たなびく鰻池《うなぎいけ》（山川町鰻）を見下ろす小高い常緑樹の森に、小さな「鰻地蔵堂」があり、木

線香の煙にむせながら先祖を供養する参拝者たち

造の地蔵菩薩一体が安置されている。境内には町重要文化財の「鰻地蔵板碑」が古木に抱かれるように建っている。元徳四（一三三二）年造立というから、この地の地蔵信仰の古さを思わせる。

日ごろは訪れる人も少なく、ひっそりとしたたたずまいだが、正月十六日（現在は十五、十六日）の「ウナギメェ（鰻参り）」には、早暁から近郷の参拝客がひっきりなしだ。指宿地方では「この日、鰻参りすれば、一年間墓参したのと同じ意味がある」と信じられているからだ。

特にこの一年間、身内に不幸のあった家は、「鰻参りすれば故人に会える」といって鰻地蔵もうでをする。指宿市道上では「おこしを持って参れば、死んだ人の姿が見える」との言い伝えが残っている。同市中川の東中川磨《みがく》さん（六〇）・ミツエさん（五七）夫婦も昨年秋、親類の一人が他界、線香の煙がもうもうと煙るお堂で静かにお祈りをささげていた。

鰻池は、あちこちで火山の噴気が噴き出している。この地獄が多いところから鹿児島の地蔵信仰の聖地になったのだろう。なぜ死んだ人と会えると信じられているのだろう。東中川さんらは「地獄のかまぶたが開く日だからだ」と、狭い境内でたき火を囲みながら語ってくれた。

正月十六日は全国的に「仏ノ口明ケ」「仏ノ日」などといって、正月になって初めて墓参や仏事を始める日だといわれる。また「初エンマ」といって、この日地獄の獄卒《ごくそつ》（地獄で亡者を苦しめるという鬼）も罪人の呵責《かしゃく》をやめる、といわれ「地獄のかまのふたの開く日」と信じられている。一方、奄美の徳之島では、この日が「先祖正月」で、人々は一重一瓶を携えて墓前に集まり、にぎやかな酒宴を張って、先祖の霊を慰める風習がある。

旧暦七月朔日も「地獄のかまぶたの開く日」と信じられている。この日、ナス畑やイモ畑に行って地面に耳を当てると、地獄のかまのふたの開く音や精霊の叫ぶ声が聞こえる、との言い伝えは全国にある。

青森県下北部の恐山では七月二十日から五日間が「地獄講」で、「イタコ」と呼ばれる多くの巫女《ふじょ》が思い思いの神仏を寄せて、自ら憑依《ひょうい》状態に陥り、死者の霊を呼び寄せる。これを聞く遺族が、故人への追憶の涙を新たにする光景が見られる。だが、鰻参りには、死口《しにぐち》を寄せる巫女はいない。ただ地蔵菩薩の前にぬかずき、一心に祈り、故人に語りかける姿は、恐山のそれをほうふつさせるに十分だ。地獄信仰には、人は死して山の彼方の他界に行くという山岳他界観がにじんでいる。

13

アサコ

南さつま市金峰町京田

麻の豊作祈る生活神

吹上砂丘に接した金峰町京田に「アサコ」という耳慣れない講が、今も正月十五日に行われている。かつて京田の先祖たちは、遠浅の海で地引き網を張って生計を立てていたことから「浅海の神さあで、豊漁の神さあ」と、地区民は「浅講」と意識している。しかし、昭和三十九年から調査分析した民俗学者の小野重朗さんは、かつて同地で麻栽培が盛んだったのに着目して、麻の豊作を祈る「麻講」と推論（『民俗神の系譜』）している。

由来を探るには、京田の風土と歴史を知るのが先決だろう。京田は今でこそ純農村だが、藩制時代は吹上浜の地引き網で生計を立てていた。講員の一人・山下広さん（七一）は「とれたタイは殿様に定期的に献上したらしい。そのほうびとして共同農地が割り当てられた」と語っている。

漁民に割り当てられた農地を「浜高」といい、古来二十四戸が水田計一・二ヘクタールと、畑三アールずつ配分された。浜高は今も講員の共有地で、毎年のアサコの時、それぞれの一年間の耕作地を決める伝統になっている。

農地の耕作権者たちをも浜高と呼び、割り当てられた浜畑はオバタケといって、おもに麻を栽培、裏作にはソバやアワを作っていた。収穫した麻は、近くの堀川でさらして繊維にし、撚《よ》って麻糸につむぎ、地引き網の糸にした。麻は木綿以前の大切な繊維で、地引き網漁を主業としていた京田の漁師にとって貴重。その豊凶は大きな関心事だったに違いない。

その証拠に、集落の産土神《うぶすなしん》の山王神社横に、アサドンという高さ約一メートルの石の祠がある。アサコの日には、神主を呼んでこの石祠にヤツデの葉にくるんだシトギを供え、神官に祝詞《のりと》をあげてもらう。

また浜ン田の近くに田の神像二体が立っている。古い像は享保十七（一七三二）年の銘がある像形型で、田の神像としてはかなり古い。南薩の農民型の田の神はクワを持つのが多いが、京田の二体はいずれも両手を胸前にし、一本の葉状ないし花状のものを持つ特異なものだ。小野さんはこの葉状のものを「一枚の麻の葉」と見て、アサコが「麻講」であると推論を引き出している。

麻の葉を持った京田の田の神

私たちが持っている神観念からみると、麻神の存在はいささか奇異に感じる。しかし、稲に稲魂や田の神があり、南種子町の「カーゴマー」のような養蚕の神もいる。かつて地引き網が主業だった漁民にとって、その原料となる麻が重要であってみれば「麻神信仰があっても不思議はない」と小野さんは説く。私たちの先祖は、生活に役立つ一木一草にも神の存在を信じ、畏敬の念で祈る心豊かな民だったようだ。

14 初市

鹿児島市　照国神社境内

〝大黒の嫁〟買う風習も

二月中の土、日曜日、鹿児島市の照国神社境内で、昔なつかしい「初市」が開かれている。人形市とも呼ばれ、三月節句の人形を買い求めるものだったが、太平洋戦争で消滅。四年前復活したばかりだ。

境内には郷土がん具、民芸品を売る露店など五十六店が四列に軒を並べ、「縁起初市まつり」ののぼり旗が早春の風になびいて縁日ムードをかき立てている。客は、市風景に己の幼少の思い出をたぐろうとする年配が主流だが、若い人も結構多い。お年寄りらは「初市の風に吹かれると、風邪をひかんち、言うたもんじゃったどなあ」と語りながら、昔なつかしい郷土がん具を吟味している。

鳴りゴマ、けんかごま、けん玉、紙びな……子供の頃の記憶を呼び覚ましてくれるおもちゃがずらり並んでいる。金ピカのデコッサア（大黒様）や、張り子に赤絵の具を塗ったオンノコンボ（起き上がり小法師）が、バラに山積みされている。「初市に行くといえば、親から〝オンノコンボを買うとも忘るんな〞と声をかけられたもんです」と、鹿児島市田上町の松山生賀士さん（七一）。オンノコンボはデコッサアのオッカタ（奥方）で、毎年新しいものと取り替える習慣だったからだ。

松山さんも、ムゾカ（かわいらしい）人形を買い求め、台所の棚に飾ってあるススで黒光りするデコッサアのそばに置いた。「デコッサアは、初市がくるたびに新妻を迎える。好色と言おうか、ぜいたくなお方ですよ」と、うらやみながら、塩とコメ、水それに〝デコッサアの花〟と言われるイボタノキ（和名はネズミモチ）を供えた。

〝新妻〟を迎えたデコッサアを台所に飾る松山さん

デコッサアは「台所を守護する神様」といわれ、鹿児島ではどの家の台所の棚にもデコッサアとオンノコンボを祀っていた。「デコッサア・オットイ（盗み）は盗みにならない、といわれもした。分限者どんのものを盗めば、福を呼ぶ、と喜ばれたもんです」と松山さん。田の神オットイと同じ信仰に由来するのだろう。

「デコッサアには色花を供えるものじゃない」とも。供えると、デコッサアだけでなく、その家の男も好色になり、浮気するという。なんとも人間くさい〝家の神〟ではある。

そういえば、デコッサアは「コスゴロ（けちん坊）だから毎朝供えるご飯も少ない方がよい」「供えたものを若い娘に食べさせるな。食べると、デコッサアがその娘を呼び返すので、嫁入りが縁遠くなる」「デコッサアは人に隠れても働けといい、田の神は人に隠れてもユクエ（休め）と教える」などの伝承がある（小野重朗著『民俗神の系譜』）。

このようにデコッサアは、人間くさい、主婦を守護する神だが、志布志一帯では畑作の神でもある。

15 お伊勢講

南さつま市大浦町榊

イワシ食べ息災祈る

大浦・笠沙町など南薩西部一帯では二月十一日、集落単位の「お伊勢講」を今も盛んに開いている。大浦町榊のお伊勢講を紹介しよう。

講元の公民館は朝早くからイワシを煮る香ばしい匂いが立ち込めていた。榊のお伊勢講にイワシは欠かせない。什長《じゅうちょう》（料理当番）のお母さんたち十六人は、一夜塩のイワシ約七百匹を大かまでぐつぐつ煮る。

一方、公民館正面に厨子《ずし》が鎮座。神事が終わると、神村政二さん（七八）が厨子をかかえ、棒踊りの歌に合わせて踊りながら会場を一巡、庭を回る。かつての宿移りの所作だ。付き添いの二人は、ササで厨子をたたき回る。お伊勢さあは荒神さあなので、たたくと喜ぶのだという。

いよいよ「馬方踊り」の登場だ。だんな役の有山ミチさん（五五）が馬子と伴《とも》二人ずつを従え、お伊勢まいりの道中記を演じる。かつて代参者をたてて年一回お伊勢もうでをし、坂迎えした名残だ。無事おまいりが済むと、門前のお菓子屋、うどん屋、酒屋の〝チャワンカカ〟が交互に現れ、道中一行を客引き。しかし、だんなは売り込みに乗らない。このユーモラスなかけ合いに、詰めかけた人たちは、腹をかかえて笑う。

お伊勢まいりの道中記を舞踊化した「馬方踊り」

次は主婦二十人による「疱瘡（天然痘）踊り」。右手にシベを持ち、スローテンポの優雅な踊り。

〽ことしゃよか年　疱瘡がはやる
疱瘡神さあ踊り好きでござる
踊り踊れば疱瘡も軽い……

疱瘡がはやるのに「いい年」というのは奇異に感じる。しかし、医療技術が未発達だった当時のこと、一生のうち一度は疱瘡の洗礼を受けなければならなかった。そこで先祖たちは、疱瘡神をおだててその歓心を買い、罹患《りかん》してもごく軽くてすむように、神の好きな踊りを披露するのだろう。一心に踊る母親たちの姿に、子供の健康を願う母の願いがにじんでいる。

このあと、什長たちの心づくしのイワシが一人二匹ずつ配られる。塩味なので身が引き締まり、イワシ特有のひえくささもない。イワシを肴《さかな》に焼酎をくみ交わし、一年の無病息災を祈り合う。

大浦町にはどの集落にもお伊勢講がある。お伊勢講は江戸時代に全国に流布したといわれるが、大浦町福元には安永二（一七七三）年の「講協議書」が残っており、少なくとも二百年以上も受け継がれてきた。

講の形態は集落によって微妙な差異がある。なかでも同町大木場のそれは、宿移りの時、オンケという仮面仮装の異集団が出現、ご神体の巡幸を妨害する。また、隣の笠沙町片浦では、十五歳の二才《にせ》入り行事に変化、少年たちが面をかぶり、巡幸する。

16 御崎まつり

南大隅町佐多　御崎神社

七浦巡り姉神に再会

妹神が、七浦を巡幸しながら約二十キロ離れた姉神に年始のあいさつに行くことで知られる佐多町御崎神社の「御崎まつり」が二月十九、二十の両日行われた。

御崎神社は佐多岬の突端、北緯二九度線上の御崎山中腹にある。地元民に「オミサキどん」と親しまれ、かつては黒潮食《は》む岩穴に祀《まつ》られていた。祭神はワダツミ三神と住吉三神。「御崎権現は沖の〝おうごの瀬〟で誕生した」との口伝があり〝海から出現した神〟として知られる。

まつりは十八日の神職八人による本殿祭から四日間続くが、呼び物は十九日、田尻から郡《こおり》（地名）まで七浦をめぐる「浜下り」。早朝、ミサキシバにオミサキどんを移す「神霊移し」のあと、ご神体を乗せたみこしは最南端の集落、田尻を皮切りに浦々を北上した。

他郷にいる家族の写真を持ち出して〝オミサキどん〟を拝ませる老女たち＝佐多・外之浦

大泊海岸に着くと、約一・三メートルの五色のさらし木綿を十数枚垂らしたホコを先頭に浜辺を神幸。ホコ持ちは外之浦、カサは尾波瀬の青年団と決まっている。浜には、小、中学生や地区民が大勢集まり、神幸を見守る。みこしは浜の祭壇に下ろされ、ここで五穀豊穣と豊漁を祈る神事。早春の浜風になびく彩り鮮やかなのぼりが美しい。

「神風に吹かれると、強い子に育つ」といわれ、晴れ着姿のNTT社員大久保明良さん（二九）の長女・亜美ちゃん（六カ月）らが、みこしにおさい銭を入れて合掌している。そのそばの、ご幣を結んだミサキシバやお守り売り場は黒山の人だかりだ。御崎山に自生するミサキシバは霊木で、同神社に参詣した人は、必ずこの枝を折って持ち帰り、身の守りにする。また浜下りの日は「シバ日」といって、地区民は仕事を休み、オミサキどんを迎える。

みこしは多くの住民に守られて集落内をめぐったあと、北隣の外之浦へ。かつてはつづら折りの峠を歩いてめぐった。特に間泊—竹之浦間の陸路には「魔のつい立て」と呼ばれた難所があり、ご神体は船で運んだが、道路が整備された今日、村境からは自動車で移動している。

外之浦の沿道には、写真を掲げたお年寄りらが列をつくって神幸を待っている。遺影かと思い、額に入った写真を持つ山野チヤさん（八七）に聞くと、他郷にいる子や孫の写真だという。まつりに参加できない家族にもオミサキどんを拝ませて、そのご利益に預かろうとするお年寄りの心情がにじむ光景だ。

ご神体はさらに他の集落をめぐり夕方、姉神といわれる郡の近津神社近くの仮宮（イヌマキの木）に一泊。翌日は同神社で田起こし、牛使い、種子まき、田植えの模擬をする「打ち植えまつり」があり、一年ぶりに姉神と対面した。そして二十一日「神送りの儀」があり、オミサキどんはシバに乗って、岳々を飛び、御崎にお帰りになった。

17

カエンソヤ

薩摩川内市入来町麓町

ひな菓子交換し合う

「カエンソヤ」とごちそうを交換し合う入来町の女の子たち

三月三日は、「ひなまつり」。女の子のいる家庭では、かわいい孫娘に内裏びなを飾り、にぎやかなひな祝いをするところも多いだろう。

ひな遊びの模様は『源氏物語』にもしばしば登場しており、歴史はかなり古い。当時のひな遊びは禊《みそぎ》の一種で、人形《ひとがた》をつくって、人や家の罪けがれを人形に託して川に流すもの（樋口清之著『日本の風俗の謎』）で、鳥取県用瀬《もちがせ》町に伝わる「流しびな」と似たものだったようだ。

現在のようなひな人形が出回ったのは江戸時代中ごろで、武家社会や裕福な町人階級に限られていた。鹿児島では、二月の初市で、紙と麻糸で作った「紙びな」や帖佐人形などの土人形を買い求め、これを飾った。そして母親が心づくしのフツノダゴ（よもぎ団子）やアズキカン（小豆入り蒸しようかん）、木目かん（赤白のもちを木目状に流した蒸しようかん）など作ってヒナジョ祝エをした。山川町や内之浦町の一部では、今もひな飾りを杉の葉の垣で囲い、浜砂を敷いてエビや貝類など海の生き物を配した「ヒナジョヤマ」を築いて祝う。

入来町の麓町では「カエンソヤ」という女の子の節句行事が行われる。この日、三歳から十二歳までの女の子たちは、晴れ着に着飾って、定められた座元に集まる。女の子たちは手に手に、母親心づくしのいこもちやふくれ菓子などの〝ひな菓子〟や、ごちそうが詰まった重箱を持ってくる。みんながそろったところで、輪になってお互い重箱を開き、「カエンソヤ」「カエンソヤ」と声を掛け合い、重箱の中身をはしでつまみ、交換し合う。その後、交換し合ったお菓子や料理を賞味、楽しいひとときを過ごす。

「カエンソヤ」は、同地にしか伝承のない珍しい三月節句の行事。その由来はなんだろう。「替えましょう」と言うところから、太宰府天満宮の「鷽替え《うそか》」との関連に注目する説もある。鷽はスズメの一種で、木製の鷽を交換し合う正月行事だ。物を交換する行為は「カエンソヤ」と同じだが、これは菅原道真の救い鳥に由来した年占いであり、「カエンソヤ」とは直接つながりそうにない。

ところが三月三日に老若男女がそろって山野や磯に出かけ、飲食する風習は全国的にある。特に甑島や奄美など南島は、今も旧暦三月三日に盛んに磯遊びをしている。この日は大潮で潮がよく引き、潮干狩りを楽しむ。最近は花見や行楽的色彩が強く意識されているが、かつては女がこの日、穢《けが》れを払い、身を清めたことは想像される。内陸部の入来町の「カエンソヤ」も山野遊びの名残ではなかろうか。

18 カギ引きまつり
鹿屋市　中津神社

巨木引き合い年占い

二月から三月にかけて、鹿児島県内の各神社は春まつりの季節。田耕し、田犂《す》き、種もみ播《ま》き……と稲作の模擬芸が見られる。この予祝的な農耕儀礼を総称して「打ち植えまつり」という。一連の模擬芸でどの部分を強調するかで、まつりの呼称や形態に、地域や神社の個性が見られる。南薩西部を除いて、神社で行う春まつりの大半が、この「打ち植えまつり」だ。

二月十六日に行われた鹿屋市上高隈町中津神社の「カギ引きまつり」もその一つ。雌木に雄木をからませ、男たちが引き合う。その荒っぽさでは、春まつりの中でも川内市射勝《いすぐる》神社の「次郎次郎まつり」に勝るとも劣らない。

鹿屋市街地から県道を大隅湖方向へ約十五キロ、高隈の街並みの正面が中津神社。参道に出店が並び、拡声機の歌謡曲がまつりムードを盛り上げている。カギ引きは午後三時ごろからだが、朝七時ごろには神木の切り出しにかかる。

ことしは上高隈が雌木、下高隈が雄木。上高隈の青壮年は集落近くの山中から直径三十センチ、

巨木をかみ合わせ、双方から引き合う勇壮なカギ引き

長さ十五メートルほどのニレの木を神木と決め、神事のあと、これを切り出した。一方、下高隈の男たちも垂水市境の高隈山系から同じ大きさの桜の木を切り出す。

双方ともに雌木、雄木をかついで集落内を回って披露。午前十一時過ぎ、まず上高隈の雌木が参道に近づいた。ワッショイ、ワッショイの掛け声とともに、ブォッー、ブーとホラ貝がうなる。十メートルほど進むと大木が道路を占拠、竹筒から焼酎が注がれ、景気づけ。こんな光景が何度も続いたあと、雌木は一気に参道の階段をかけ上り、境内へ。雄木もこれに続いた。

カギ引き開始前の境内は、いつの間にか約五百人の見物客であふれている。雌木の上にねじりはち巻きの男を乗せ、三十人ほどの男衆が木を持ち上げ、そのまま地面に落とす。宙に舞う男、ズッシンと鈍い地響きがする。雄木の方も負けじと同じ所作を繰り返し、熱気と緊張感が張りつめる。

雌木と雄木が接近、雄木のカギが雌木の二またにガシッと合うが早いか、ワッという歓声とともに双方が引き合う。勝った方が豊作を約束される。焼酎の勢いもあってみな殺気立ち、あちこちでけんかまがいの罵声《ばせい》やつかみ合いが起こる。これに水をさすように、一升瓶の焼酎が辺りに飛び散る。カギ引きは刈り敷き作業が競技化、年占いの方が強調されたのだろう。

勝負が終わると、見物客は競ってこの神木の小枝を手折る。家に持ち帰って床の間に飾り、お守りにするのだという。このあと、模型の牛で田犂きがあり、早苗に見立てたご幣を結んだツタ葉が配られ、三百六十五個の紅白もちがまかれた。もちまきは、播種《はしゅ》の意味だろう。

19 正月踊り

志布志市志布志町安楽　山宮神社

哀感漂う異装男の舞

春まだ浅い二月十七、十八の両日、志布志町・安楽川下流沿いの山宮神社と安楽《やすら》神社で春まつりが行われた。

山宮神社は和銅二（七〇九）年創建といわれる旧郷社。樹齢千二百年の大クス（国の天然記念物）が天を突き、荘厳華麗な雰囲気だ。一方、ここから南へ約二キロ、森に囲まれた安楽神社はひなびたムラの鎮守。両神社の春まつりは、田遊び系芸能やカギ引きのほか、テベス（手拍子）とも呼ばれる「正月踊り」（県指定無形文化財）が奉納される。

まつりは十七日朝、山宮神社のお田植え行事で始まる。神官を先頭に参列者が〝稲の穂〟を一本

黒い異装でゆっくり、もの悲しいムードで踊る「正月踊り」

ずつ持って宮回りする。〝稲の穂〟は五十センチほどの竹を削ったもので、これを神殿横に約一メートル四方に盛られたシラスの模擬水田に植える。

ついで田の神夫婦が登場、神殿に参拝したあと、氏子代表と、ことしの稲の豊凶を占う。田の神は綿入れの大きな夜着をはおり、縄帯姿で大きなシキをかぶり、右手に大メシゲ、左手に竹筒を持っている。一方、ウッカタ（妻）はすそ模様の木綿を着てお高祖《こそ》頭巾にシキをかぶった扮装だ。二人はひょうきんな動作で踊り回る。あけっぴろげなエロチシズムに笑いが続く。

田の神夫婦が退場すると、いよいよ「正月踊り」。黒紋付きに黒のお高祖頭巾、高げたをはいた異装の男たちが円陣をつくり、三味線や太鼓、鉦《かね》のリズムに合わせて舞う。この正月踊りは別名「お市後家じょ」とも言われるが、これは最初に舞うのが同名の踊りだからだろう。

男の踊りにしてはスローテンポで、なぜかもの悲しい雰囲気すら感じられる。挙げた手を内側にクイと直角に折る踊り方を見ると、肝属川沿いの集落で夏の水神まつりに奉納される、婦人たちの

「大隅八月踊り」とウリ二つだ。踊り手が夏＝女性、正月＝男性の違いはあるとはいえ、季節の節目に踊られる点が注目される。南島に見られる夏と冬の節正月の名残か、とも思われるが、下野敏見鹿児島大学教授（民俗学）は、同系の八月水神踊り同様、近世初・中期の「風流」に属する（『南九州の民俗芸能』）とみている。

翌十八日、まつりは安楽神社に舞台を移す。神事の後、男面をかぶり、烏帽子、狩衣《かりぎぬ》の男が田に見立てた境内に現れ、木製のクワで田ならし、あぜならしの所作をする。と、そこに女装のアネボ（姉さん）が登場、男は喜んでアネボに抱きつく。まもなくアネボのお産。懐に入れていた財布を産み落とす。すると、観衆は「豊作だ」と喜び合う。カギ引きや正月踊りが演じられるころ、早春の日は神社の屋根近くに傾き、生殖豊穣への熱い思いの余韻が境内を包む。

20 お田作り

始良市始良町　黒島神社

木グワで地霊起こす

始良町黒瀬の黒島神社は、和銅元（七〇八）年創建といわれる古い旧山田郷社。始良町唯一の春の打ち植えまつりが、二月二十四日行われた。「お田作り」といい、打ち植えまつりによく登場する牛や牛使いが見られないのが特徴だ。

木グワで田に見立てた境内を耕す「お田作り」

神事のあと、上名区長の鳥越堅さん（六〇）ら大人十人が、カシの木の木グワを肩にかついで登場。あとに山田小学校の児童が続く。郷土の民俗芸能を受け継ごう、と学校ぐるみでまつりに参加したのだという。子供たちは木グワをかついだ組と、長さ一・五メートルほどのシバを持つグループがいる。クワ組は大人に続き、境内を蛇行して整列する。すると神官の河野広義さん（四七）が、

〽上田原が千町　下田原も千町
今日は日もよし　天気もよし
初田打ち　たった一打ちに　打て

と唱える。すると、力いっぱい木グワをふるい、田に見立てた境内を耕す。一方、シバを持った子供たちもドットッと地面を突く。これを「シバ突き」という。眠っている地霊をゆり起こし、豊穣を約束させる呪術《じゅじゅつ》の一つだろう。

ひとしきり〝田耕し〟〝シバ突き〟をしたあと、今度は「シバ引き」だ。がっちりふたまたのカギが合わさった大きなシバがあり、全員がこれを左右に一回ずつ引きずり回す。「代かき」の模擬

だという。このあと、田の神が登場、ユーモラスな田の神舞を披露するはずだが、唯一の舞い手が他界、五年前から途絶えたのは惜しまれる。

ほかの打ち植えまつりでは、この間に牛が登場、牛使いとのこっけいな田園即興劇が演じられる。しかし、黒島神社にはこの部分が欠落している。鳥越さんによると、これには次のような伝説が伝わっている。

黒島神社を創建した鈴木四郎は、住吉池近くの住吉神社を勧請した三郎の弟で、二人は土地の配分を決めることになった。二人とも日の出とともに出発、合流した地点を土地の境界にする約束をした。三郎は牛に乗るので早く発った。一方、四郎は馬なので、ゆっくり出発、途中、人家に立ち寄り、お茶をごちそうになった。この間、三郎は牛にムチ打ち先を急いだため、結局、四郎より広い土地を手に入れた。

自分の油断で負けた四郎は立腹、上名と下名の境の坂で馬を山田川に突き落とした。それから四郎は牛を毛ぎらいして、その後、黒島神社のまつりにも牛は登場しなくなった——。

「ウサギとカメ」の説話を思い出させる口伝だけに、まつり後、鳥越さんは子供たちを集めて、この昔話を語り聞かせ、「一つ一つの努力が実を結ぶ」と、努力の大切さを説いていた。このあと、子供たちは山田川のせせらぎを聞きながらおにぎりをほおばり、まつりの余韻を楽しんだ。

21

太郎太郎まつり

薩摩川内市高江町　南方神社

雪中の田園劇に爆笑

雪のちらつく中、巨大な木グワで田打ち

川内市には「太郎太郎」と「次郎次郎」という二つの打ち植えまつりがある。三月二日に行われた同市高江町・南方神社の「太郎太郎」は、県の無形文化財に指定されている典型的な稲作予祝のまつりだ。

三月には珍しい雪の寒い日。境内にはテレビ撮影班ら報道陣に交じってアマチュア・カメラマンが白い息をはずませてシャッターチャンスを待ちかねている。玉石までもうっすら雪化粧し始めた午前十一時過ぎ、拝殿横からオンジョ（親父）＝上薗登一さん（七七）が現れた。

青のはち巻き、黒の作業服をシリぱしょりし、帯にキセルとたばこ入れを下げた、ひところの農民の姿だ。大きなカシの木の木グワを背負い、片手にはトッゴロ（火のついた丸太）を持って、田に見立てた境内へ。神官が、

〽上等まき千町　中等まき千町　下等まき千町
　合わせて三千町の玉の田を　たったひとクワで　打ち起こせ

と唱えると、木グワを高々と振り上げて田打ちの所作。これに合わせて峰山小の男の子ら約三十人も、小ぶりの木グワを振るう。田植えまでの農作業手順を演じる田園喜劇の幕開けだ。そして、子供たちと一緒になって「タロー、牛ョ連れッケー」と叫びながら田打ちを続ける。

まもなくテチョ（亭丁）＝峯元哲美さん（六八）が、オンジョと同じスタイルで現れる。二人は即興万才で見物人を笑わせながら太郎＝池之上透さん（六〇）を呼ぶ。やっと姿を見せた太郎はなまけ者。いろいろ理由をつけ、なかなか牛を引いてこない。それどころか、女物の着物をかけたササ竹をかつぎ、焼酎入りの徳久利を持ってきて「お市後家女と飲もう」と勧める。女の着物はお市後家女の象徴なのだろう。

二人のユーモラスな掛け合いの末、太郎はやっと牛を連れてきた。牛役は松園守さん（二九）。逆三角形に組んだ竹棒に黒い着物をかぶせて牛を象徴している。太郎はこの牛に犂《すき》をかけ、田をすこうとするが、コッテ牛は場内を大暴れ。これをやっと取り押さえて田すきを終えた。

フィナーレは境内横で嫁女に早変わりした太郎が「おなかが痛い」と叫び、赤ん坊に見立てた丸石を産み落とす。そして神官が「千石万石まいたとて」と言って舟形の器のモミを播《ま》いて、豊作と安産祈願のまつりは終わった。

鹿児島に多い南方神社は元来、軍神・狩猟神の「お諏訪さあ」。明治以降、鹿児島に祀られた神々は、諏訪神社に合祀され、南方神社を名乗るケースが多い。高江の「太郎太郎」も、合祀前の志奈《しな》尾《お》神社の伝承を受け継いだものらしい。

22 次郎次郎まつり

薩摩川内市水引町　射勝《いすぐる》神社

火つき丸太で〝虫焼き〟

川内市水引町の射勝神社「次郎次郎まつり」は、数多い鹿児島の春まつりの中で、物騒で、秘儀的な雰囲気漂うまつりだ。三月の第一日曜日（ことしは二日）がまつり日。地元では「スゴロどん」とも呼ぶ。

川内市街地からだと、国道3号沿いの水引小学校手前約三百メートルを左折。田んぼ道を約五百メートル走ると、左手の雑木林に囲まれた小さな社がある。神事は春の日が傾き始める午後三時ごろに始まる。この間、社の裏ではひとかかえもある丸太が十数本焚《た》かれ、大きなナベが掛けてある。焼酎の燗《かん》つけだ。火の周りには十人ほどの地区民が暖を取り、見物人に青竹で作った杓子《しゃくし》で焼酎をすくい、勧めて回る。

そこから雑木をくぐって約十メートル奥に男が五人。田園劇の演者たちだ。両目の部分だけ開けた手ぬぐいの覆面に、黒っぽい綿入り夜具をはおり、荒縄の腰ひも姿。演者たちの名前を聞き出そう、と声をかける。無言。アゴをしゃくるばかりだ。演者らはもう神になりきっているのだろう。

神職が境内に現れた。「倒れた千畳、倒れた千畳」と唱える。すると、子供たちがシバで境内を払う。「スズメ追い」だという。

燃えさかるトッゴロを振り回し、見物人を追い払うテチョ

突然、拝殿横に陣取った見物人がクモの子を散らすように広がった。とっさにカメラを向ける。一番テチョ（亭丁）の異装がファインダーにせまる。トッゴロと呼ぶ赤々と火が燃えさかる丸太をかかえて、人といわず草といわず襲い、焼き払う。そのあとを消防団が続き、火のついた枯れ草をシバでたたいて回る。見物人は油断すると、衣服を焼かれかねないので、まつり見物も必死だ。

ひとしきり人々を追いかけ回したあと、一番テチョはトッゴロを境内に投げ捨て、腰のキセルを抜いて一服。そして時折、歌舞伎役者よろしくミエを切る。ご愛嬌《あいきょう》もここまで。間もなく二番テチョが現れ、トッゴロを振り回して、また人々を追いかける。このトッゴロ、田のあぜを焼き、害虫を焼く「虫焼き」の所作らしい。

恐怖の第三波は、暴れ牛の乱行。鼻取り、モガ取りを引きずり、人波を割る。そのたびにキャー、キャーと悲鳴が森を揺るがす。

ひとしきり大騒ぎが続いたあと、演者たちは森の中に消える。森に再び静寂が戻る。すると、今度はモロブタをかぶった嫁女がしずしずと登場。喜んだ一番テチョは嫁女に近づき、二人はむつまし気に抱き合う。すると、嫁女は懐からモミ袋を産み落とす。「生まれた、生まれた」と喜ぶテチョ。生殖の類似感染で、稲の豊作を占い、予祝するのだろう。

最後に神職が、産み落としたモミをまく。このモミを苗代に混ぜてまくと、豊作が約束されるという。数ある打ち植えまつりの中で、虫焼きを強調したまつりだ。

23

ガウンガウンまつり

いちき串木野市野元　深田神社

観客け散らす暴れ牛

串木野市の五反田川河口右岸。松林に囲まれた社が深田神社。旧暦二月二日（現在は前後の日曜日）の「ガウンガウンまつり」は、暴れ牛が登場することで知られる打ち植えまつりで、県無形民俗文化財（昭和三十七年指定）。

同神社は現在、同市野元にあるが、かつては山手の深田集落の鎮守だった。口伝によると、三百余年前に大洪水があり、同社は下流の野元まで流され、ここに再建。以後、深田、野元、平江地区の産土神《うぶすな》とあがめられた。市職員小原俊幸さん（五四）によると、藩制時代は二十の屋敷という門《かど》に分かれており、この門が毎年、持ち回りでまつりを担当した。また串木野西中学校の一角に春田（約十八アール）があって、この神田の収入を、まつりの経費に充てていた。現在は地元を七班に再編成しており、ことしの当番は深田地区。

田犂を嫌って逃げまどうコッテ牛

神事のあと、テチョ（亭丁）役の外園政市さん（四二）が大きな木グワをかついで登場。田に見立てた境内を耕す。観衆から「ガネ（カニ）穴やモグラ穴をしっかりふさいだかあ」と声が飛ぶ。テチョは「水口もしっかり締めんな」と、あぜ塗りの所作。ひとしきり〝田作り〟を演じたあと、太郎＝満留正人さん（三六）と次郎＝是枝哲也さん（三九）に「ウシを連れっけぇ」と催促する。

だが、なまけ者の二人は、顔にキスマークをべっとりつけ、女の話にうつつをぬかすばかり。まさに即興の田園劇。ひょうきんな二人の所作や会話に、取り巻きの見物人はゲラゲラ。テチョは、コッテ牛（暴れ牛）の所在や捕まえ方を教えるが、聞く耳もあろうものか。

会話に耳を澄ますと、遠い先祖たちの田打ち風景や、牛とのかかわり方に想像がわく。多分、それは牛が家畜として小屋に飼う以前の風景だ。家畜以前の牛は、野に半放牧され、農耕の時だけ捕らえたのだろう。半野生化した牛だからコッテ牛と呼ぶのだろう。

やっと二人は、コッテ牛＝満留繰さん（三五）に鼻グイとマングワをかける。だが、コッテ牛は二人のスキをついて鼻グイを引きちぎってとん走。あわてた二人は「ビョウ、ビョウ」と叫びながら追いかける。コッテ牛は観客の輪を割って右へ左へと逃げ回る。キャ、キャと悲鳴が交錯し、会場はハチの巣をつついたよう。

ようやくとりおさえた二人は退場。ここで田犂《すき》の模擬劇があるはずだが、今はカットされている。そして演者たちが早苗に見立てた松葉を植えたあと、紅白のもちをまいてフィナーレ。

語感のいい「ガウンガウン」の呼称が珍しい。地元民は「なぜガウンガウンか」聞いても首をかしげるばかり。逃げ回る牛の姿から「ガンガン走れ」と関係がありそうだが、どうだろう。

24

舟持ち

いちき串木野市羽島　羽島崎神社

舟下ろしする五歳児

父親に抱かれ、舟をおろす５歳児ら

串木野市羽島の羽島崎神社「太郎太郎まつり」は、在（農村）の「田打ち」と、浜（漁村）の「舟持ち」が、共存並列して奉納される。数ある県内の春まつりの中で、際立つ特徴となっている。

まつりは、旧暦二月四日（ことしは、三月十三日）、潮の満ち始める午後二時から始まる。この数日前から「シモカゼ」といって薩摩半島西南端の野間岳の方から風が吹き「この風とともに神が来臨する」と信じられている。「舟持ち」を中心にまつりを見てみよう。

舟持ちの主役は数え年五歳の男児だ。神殿には長さ一メートルほどの舟の模型がずらり。帆かけ舟、ダンベ舟、米積み舟……。浜の人たちが奉納した舟々だ。ことしの主役は上野耕三さん（三八）の長男の哲平ちゃんら十九人。

羽織はかまにたすき掛け、玉絞りのほおかむり姿が晴れがましい。

ドーン、ドンと太鼓が響く。同じほおかむりした父親が五歳児を抱き、介添え人が舟の模型を持つ。主役の子らも舟に手をかけ、拝殿から境内に一列に下りてくる。先頭は紋付きをしりはしょりし、ほおかむりをして素足で櫓《ろ》をこぐしぐさをしながら「エイヤナ、エイヤナ」と掛け声をかけながら進む。約三十メートル進んだ舟持ちの行列は、境内中央でUターン、また拝殿へ「エイヤナ、エイヤナ」。

行列が拝殿に消えると、「舟歌」の行列が後に続く。田畑八十吉さん(六八)ら実年十八人。黒紋付き羽織にしりはしょり、ほおかむり姿。二列縦隊でそれぞれ両端に長い葉付きの竹を握っている。これは舟の象徴。

〽年の始めの　初夢にエイ
きさらぎ山のクスの木を
舟に造りて　今降ろす

と「舟歌」を朗々と歌い、しずしずと拝殿に進む。

まつりがすむと、五歳児のいる家庭は、祝い客がひっきりなし。上野さん宅では、なんと三百人の祝い客を見込んで、三日前から料理づくり。一日二、三十人を動員、女性陣はつきあげやこが焼き、煮しめ……と、料理づくりに手の休まる暇がない。男衆は刺し身作り。重さ六十キロもあるビンチョウマグロ一匹を丸ごと解体する豪華版だ。

羽島に限らず漁村部の祝宴は派手だ。祝いの費用は百万円を下るまい。羽島では、男児が生まれると、この日のために貯金を始めるという。「漁師の後継ぎ息子じゃっで……」と、マグロをさばく長老はこともなげに言う。舟持ちは漁村部の氏子入りの人生儀礼なのだろう。

夜になると、三味・太鼓が入り、立錐《りっすい》の余地もない祝い客でにぎわう。新生活運動で、公民館での合同祝いをしたことがある。ところが羽島大火（昭和四十一年）に見舞われた。豪華な舟持ち祝いは翌年、また復活した。

25 二月まつり

鹿児島市吉田町　八幡神社

老熟の田園劇に笑い

吉田町本名小学校は、校門のすぐ横に鳥居が建つ珍しい学校。校庭を横切ると、急な階段の参道。登りつめた山の中腹が八幡神社。旧暦二月八日（ことしは新暦三月十六日）の打ち植えまつりを同地方では「二月まつり」と呼ぶ。

神事のあと、境内で棒踊りの奉納で始まる。踊り手は上馬場薫さん（四六）ら谷上集落の二才《にせ》、

暴れ牛を取り押さえて田を“よむ”デグシどんとホイどん

三才《さんぜ》二十余人。メン（面）と呼ぶ異装仮面の三人も加わる。まず色紙《がみ》を丸めたものをつけた長さ十五センチほどの棒と、日の丸扇子を持って舞う。これをキョゲン（狂言？）といい、同地方の棒踊りの特徴になっている。

ついで六尺棒、鎌《かま》と笛、鎌と鎖鎌のミニチュア……と、持ち物を次々と替え、

〽チョイナ　チョイ　ヤッサア
エイ　エイ　コラサッサ

の掛け声とともに二列縦隊で舞う。最後は円陣を組み、鎌と刀でテンポを一段と速める。これを「早踊り」という。

打ち植えまつりに棒踊りが踊られるのは南九州独特で、全国の田遊び系まつりには見られない。しかし、打ち植えまつりに棒踊りが伴うのは、県内でも吉田町と姶良郡、曽於郡、肝属郡東北部に限られている。棒踊りの棒は地霊を起こし、土地に活力を与えるという呪力があると信じられている。水田耕作予祝の行事に際し、この棒の呪術が芸能化したのが棒踊りの起源なのだろうか。

ひとしきり汗した踊り連は、柄の長い木グワで模擬田打ち。メンたちが焼酎をふりかけて景気づけ。たちまち境内に直接三メートルほどの丸いくぼ地ができた。

こんどは上馬場照光さん（六〇）扮するデグシ（代宮司）どんが登場してあぜ塗りの所作。見物人から「モグラ穴から水が漏るっど、しっかい塗らんか」と声が飛ぶ。演者と観客一体の田園劇は徐々に盛り上がる。

まもなくホイどん（祝人）役の武田清親さん（六四）が登場、デグシどんに「牛を買って来い」と促す。デグシどんは買いに行くが「金が折り合わない」と何度も戻ってくる。最後に六十五万円で話がつき、木製模型の牛を引いてくる。串木野市の「ガウンガウン」や川内市の「太郎太郎」では、モガ引きの牛を放牧地から捕まえてくる所作があり、古い農耕の姿を私たちに教えてくれる。吉田の牛を金で買う劇は、かなり進んだ農耕を思わせて面白い。

さて、この牛だが、かなりのコッテ牛（暴れ牛）で、二人を悩ませる。あげくの果ては〝寝トライキ〟を決め込む。一計を案じた二人は、牛の男根に火を注ぐ。これに仰天した牛は無事、モガを引き、めでたし、めでたし。

二人の会話や動きは静かだが、老熟したなかに軽妙なユーモアが満ち、日本の芸能の原点を思わせる味わいがあった。

26

田の神ナオリ

鹿児島市吉田町西佐多浦

薄暮の道、ユラリ揺れ

男衆にかつがれて宿移りする田の神さあ

石像の田の神が、人々にかつがれて年に一回の宿移りをする「田の神ナオリ」が三月十六日、鹿児島郡吉田町西佐多浦で行われた。

当地の田の神ナオリは、近くの金峰神社の春まつりと連動している。かつては初日の春まつりを受けて翌日、田の神の宿移りをしていた。今は午前中に神社のまつり、夕方が田の神ナオリ。

この一年間、田の神さあは鵜木集落の農業山口辰雄さん（六一）宅で過ごした。この日、山口さんは色あせた田の神さあを縁側に運びお化粧直し。別れを惜しみ、万感の思いを筆に託して白と黒の絵の具で丁寧に化粧する山口さん。うららかな春の日を浴びて、田の神さあも晴れがましい装いに変身した。

高さ約八十センチ、右手にお椀を持ち、左手にメシゲを掲げ、ドングリまなこに、ほおのホクロが愛嬌たっぷり。大きなシキを笠状にかぶり、後ろから見ると男根そっくり。下がり目、今にもふき出しそうな口元といい、田の神さあならではの庶民性がにじみ出ている。享保二十一（一七三六）年作だから、田の神のなかでも、古いほうだ。作者は前田喜八。同町東佐多浦や姶良町触田のものと同じ石工の作品。三体ともエリ元の渦巻き模様が特徴。

午後四時すぎ、新宿元を引き受けた桑丸集落の運転手今堀年男さん（五五）ら一行が〝嫁もらい〟にやってきた。床の間を背にした田の神さあの前に、焼酎や煮しめ、おにぎり、もちが供えられ、ロウソクの火がユラリと、くゆっている。向かって左側に山口さんの一族、右に今堀さんの一族が正座。まず介添人が、田の神さあに焼酎をあげたあと、両家は三々九度を交わして「よか嫁女をいただきます」「頼もんど」。

厳粛な中にユーモラスな〝嫁もらい式〟がすむと、待ち構えたように仮装した婦人連が登場。キネとメシゲを持ったヒョットコ面やおかめらが、軽快なゴッタンのリズムに乗って、おシリふりふり、踊りまくる。明るい素朴なエロチシズムに爆笑がわく。

間もなく、長さ十メートルほどの丸太が持ち込まれた。田の神さあはロープで結ばれ、いよいよ田の神ナオリ。屈強な二才、三才、それに中学生ら十五人が、ヨイショの掛け声で丸太棒に肩をかける。グイッと肩に食い込む棒。かなりの重量だ。

男衆にかつがれた田の神さあは、路地からあぜ道……と行きつ戻りつしながらユラリ、ユラリ。約一キロをにぎやかに行列、夕暮れどきの今堀さん宅に到着した。

ここの田の神はもともと、田んぼに立っていた。蒲生町の某集落に一時、盗まれていたのを、返してもらった。その後、盗まれないように、毎年宿から宿へ〝オナオリ〟するようになったという。

27 タジマどんまつり

日置市吹上町　大汝牟遅神社

田打ち神事の南限か

秋の流鏑馬《やぶさめ》行事で知られる吹上町宮内の大汝牟遅《おおなむち》神社に、打ち植えまつりの一つ「タジマどんまつり」がある。あまり知られていないが、まつり日は旧暦二月十七日（現在は新暦三月十七日）。境内中央に高さ二十センチほどの砂盛りがあり、頂にニワトコの枝を差している。神職のお払いが済むと、拝殿横から白装束姿の竹之内辰美さん（七五）ら三人が、木グワをかついで登場。砂盛りに三回クワ打ちをする。これが模擬田打ちだろう。

ついで全身黒装束、牛の木製面を被った倉園盛男さん（七一）が、鼻取りの辻義男さん（七四）、モガ引きの窪精之助さん（六五）と共に現れ、砂盛りの周りを三回回る。牛にマンガ（馬鍬）をつけ、田を〝よむ〟所作らしい。打ち植えまつりに登場する牛は、決まって暴れまくるが、ここの牛はしずしずと従順だ。

次に鼻取りをはずした牛が、砂盛りの砂を四方にまき散らす。竹之内さんは「かつて、牛はわざと見物人に砂をかけるものだった。すると、子供たちは竹筒にヤツデの実を詰めて、ベブどん（牛）めがけて吹き射るものだった」と、戦後間もないころまでのまつり風景を語る。そういえば、ことしのまつり見物人は、お年寄りら十数人。演者を含めて、若者の姿は皆無だった。

境内中央の砂盛りを前に、牛を引き、田を“よむ”模擬芸

このあと神職がニワトコの葉をもいで辺りにまく。ニワトコは春一番に新芽を出す春の使者。この葉は田に敷くカシキ（緑肥）の象徴なのだろう。神職はこの上にモミを播《ま》き、ご幣を付けた長さ四十センチほどの竹棒二本をX字形に突き立て、田の水口をふさいだことを暗示した。その後、昼めしタンコ（おにぎりの入った桶）に入った小ぶりのにぎりめしを氏子に配って直会《なおらい》に移った。まつりの呼称「タジマどん」の由来について、竹之内さんらは「〃田仕舞い〃か、〃田始め〃がなまったものだろう」と言う。

これまで打ち植えまつり系の春まつりを十例ほど見てきた。その呼称はさまざまでも、稲作の模擬を演じ、その類感呪術で豊作を祈ることに違いはない。

同系の春まつりは、大隅半島全域から錦江湾奥にかけて色濃く分布している。一方、薩摩半島では湾奥に続く半島の付け根と、出水から西薩にかけての西海岸部に見られるだけ。南薩では、東の喜入町中名の宮坂神社「牛の角まつり」、西の大汝牟遅神社「タジマどんまつり」が見られるだけで、その以南には現存していないし、その伝承すら聞かれない。つまり、両神社は「打ち植えまつりの南限」といってよかろう。

打ち植えまつり空白地帯の南薩は、「田の神石像はあるが、田の神講の希薄な地帯」でもある。この微妙な文化の違いは、民俗学上の関心の的でもある。

28 艪拍子かけ舟進める

舟こぎまつり

日置市吹上町田尻　船木神社

吹上浜の国立野営場のすぐ北の集落が、ロマン漂う地名の花熟里《けじゅくり》。この里を流れる小野川を約四キロ遡《さかのぼ》ると田尻集落。田園の山手に船木神社があり、春分の日に「舟こぎまつり」が行われた。

国道270号沿いの吹上中横から三キロほど入り込むと、道路右側の田んぼ道にまつり旗が数本なびいていた。例年だと、まつり時は花吹雪の参道をくぐるのだが、寒が厳しかったことしの桜は、まだチラホラ。境内には約百人の氏子らが、老楠の下でまつりの開始を待っていた。

神事が終わると、神職が神殿のとびらを開く。中には胴の長さ五十センチほどの薩摩型やだんべ舟、機帆船などさまざまな形の模型舟が五十隻ほど納めてある。氏子たちが奉納したもので、最近まで元禄の年号が記された舟もあったという。

神職はこれら模型舟を一隻ずつ取り出す。舟を目の高さにささげ、「トントラオー　トントラオー」と、艪《ろ》拍子をかけながら、隣の氏子に渡す。まつりの別名「トントラオまつり」は、この拍子に由来している。

「エンヤラオー」の掛け声とともに、模型舟を進める氏子たち

うやうやしく両手で舟を受け取った氏子は、神職同様に舟を目の高さに上げ、「エンヤラオー　ソレ　エンヤラオー」と、元気なかけ声をかけながら、舟を三回ほど上下させ前へ進める。舟が波に乗って前進するさまを演じているのだ。そして次の氏子へバトンタッチされ、その人も同じようなしぐさを繰り返して次の人へ。舟は拝殿から境内へU字形に並んだ氏子へ次々とリレーされる。この間、笛、太鼓に合わせた艪声が静寂を破る。二十隻もの〝舟〟は、海に見立てた境内の波に揺られ、鳥居の近くまで進んでUターン、また神殿に納められた。さまざまな形の舟の航海始めといった風情だ。四年ほど前に見学したとき、町文化財審議委員の辻正徳さん（六六）は、「このまつりは大漁

祈願ではない。航海安全を祈るものだ」と説明してくれた。民俗学研究者の小野重朗さんも「初春の航海始め、または航海予祝のまつり」とみている。

田尻集落は純農村なのに、なぜ船をまつる神社があり、航海安全または航海予祝のまつりが伝承されているのだろう。辻さんは、「昔、海岸線はこの付近まで入り込んでいたらしい。神社の近くから丸木舟が出土したこともある。古代ここが港だったか、またはこの一帯に造船技術を持つ一族が住んでいたのかもしれない」と推論した。

航海安全・予祝の民俗は、県内で串木野市の羽島崎神社「太郎太郎まつり」の〝舟持ち〟と、船木神社の二つだけ。「太郎太郎」は在（農村）の〝田打ち〟と併存しているが、船木神社は舟こぎまつりのみで構成されているのが大きな特徴になっている。

29 魚霊鎮魂の心にじむ

茜被り

肝付町　内之浦漁協

鹿児島の浦々では、一万匹もの魚が入網すると、網元が網子たちに「茜被り《あかねかぶ》」といって赤い布のはち巻きを締めさせ祝宴を張る。「万越し祝い」という。万越し祝いは網元のいつも見続けたい夢で最良の日。茜被りは網子たちの名誉と魚の鎮魂の象徴である。近年は不漁続きで、昭和四十六年の坊津を最後に、万越し祝いの歓喜のニュースは聞かれなかった。

ところが、四月二、三日の両日、内之浦町漁協（立石正己組合長）の大型定置網に、天然の彼岸ブリが一万五十四匹も入網した。内之浦港では昭和二十六年から二十八年までの三カ年、年間十万匹を超す大豊漁を記録。万越し祝いと茜被りをした。実に三十三年ぶり。「折からの南東の風が湾内にブリを呼び込んだのでしょう」と立石安男参事（六〇）も笑いが止まらない。

茜被りをきりりと締め、誇らしげに大判ブリを掲げて見せる若い漁師たち

古老たちは「それ万越し祝いじゃ、茜被りせにゃ」との声をあげた。若い漁師や漁協職員らは、「茜被り」という言葉すら初耳だ。三十三年前の体験者の指導で赤い布を取り寄せ、白木隆男さん（二四）ら関係者六十六人に配った。白木さんらは「茜被りなんて知らなかった。何十年に一度あるか、ないかの吉日。働きがいがあります」。潮焼けの笑顔で赤いはち巻きをきりりと締め、水揚げ作業にも力が入る。
水揚げ場端のエビス像も茜被りをしてもらい、せわしげに行き交う漁民にほほえみかけている。立石組合長らは、岬の火崎神社の石祠にも茜被りをし、さっそく大漁感謝の神事。第三千鳥丸など船首を茜くくりした六隻の漁船は、大漁旗や日章旗、赤い吹き流しをなびかせて火崎沖へ。隊列を組んで左回りに三回回り、喜びの白い船跡を描く。船頭がコメや塩、焼酎を海に注ぎ、エビスさあに豊漁を感謝した。五日夜は料理屋で万越し祝い。町は夜遅くまで大漁の美酒に酔う漁民の歓喜でわいた。

十二歳で網子になり、何回か茜被りを体験したという江夏紋右ヱ門さん（九四）はしみじみとこの歓喜を聞いた。江夏さんによると、茜被りだけでなく、赤ふんどしもした。二万匹だと茜被りは二枚重ねになる。三万匹だと赤いハッピが配られた。茜被りというから本来は赤い頭巾をかぶったのが、はち巻きに簡略化したのだろう。

なぜ茜被りをするのだろうか。江夏さんは「ブリを一万匹もとれば、人を一人あやめたのと同じ。それで神社だけでなく、お寺にも参った」。豊漁に感謝すると同時に、魚の鎮魂をするのだという。潮の恵みに、魚霊を慰めることを忘れない内之浦漁民の心根のやさしさがにじむ話だ。

供養ならば白はち巻きがよさそうだが、赤でないと駄目だという。赤は魚の血の色だとも聞いた。漁の民にとって茜色は魚の鎮魂と漁師の誇りの象徴なのだろう。

30

休日考

鹿児島県本土

ハレの日の労働忌む

ハレの日は仕事を休んでカミをまつり、神人共食して過ごす

天皇誕生日に憲法記念日、端午の節句のこどもの日と飛び石祝日が続く。土、日曜日が入るので、サラリーマンにとって行楽シーズンのゴールデンウイーク。鹿児島でも九連休の企業がある。

昔はこうした祝日がなかったかわりに、ハレの日の休みがあって、現代人とは違った休息慰安の日になっていた。ハレというのは盆・正月、節句などの年中行事や村祭りなどの祭礼日、それに人生儀礼としての出産・成人・婚姻などの祝儀の日のこと。一方、ふだんの日をケといった。

私たちの先祖たちは、ハレとケのけじめをはっきりさせる生活感覚を持っていた。ハレの日は、ハレ着をつけ、ハレの場所に出、ハレの膳につき、みんなで共同飲食して過ごした。農耕の呪術的祭儀や神々が来訪するハレの日は、労働を控え、家や里でつつしみ深く、静かに過ごすものだった。こうしたハレの日は年間数十日にも及び、生産勤労の日と休息慰安の日がバランスよく配置され、常民の見事な生活の知恵を感じさせる。

ハレの日は集落共同体の一斉休息慰安の日なので、この日の労働はきらわれた。鹿児島のことわざに「貧な者の貧乏《びんぶ》たがっ」とか、「ナランムン（貧乏人）の節句働き」というのがある。民俗学研究家の北山易美さんは「なまけ者や貧乏人に限って、節句などのハレの日に働く、と嘲笑したことわざ」だという。ハレの日は神事を伴うことが多く、この日に働くことは神事をおろそかにすることになる。さらに、仕事はケの日にちゃんとすませ、ハレの日はみんなと一緒に遊ぶという「けじめ」を教えている。

この禁を犯すと「ケガをする」と信じられている。山口県辺りでは、五月節句に牛を使うと干ばつになるといい、禁を破った者は、雨ごいの時、ヒョウタンを背負わされて村から追放された（岩井宏實著『正月はなぜめでたいか』）という。

長島では山ん神まつりで神木に「山くるめぞーい」と大声をあげてシメをかける。この叫び声が聞こえると、野良仕事を一斉に切り上げて家に帰る。また奄美のカネサルの日やフユルメの日には、邪霊が現れると信じられ、人々は山や海に行かない。十数年前、名瀬市小湊の漁師がカネサルの日に禁を犯して出漁、遭難船に遭遇した。村人は「それ見たことか」とささやき合ったという。ハレの日の禁はまだ生きている。

日本でも週休二日が普及した。しかし大方のサラリーマンは休日返上で働き、西欧人から「働きバチ」と悪評を買っている。そろそろ先祖の知恵を学ぶべき時代かもしれない。

31 アクマキ 鹿児島県本土

季節感しみる母の味

五月節句は別名「端午の節句」。端午は「月々の初午《うま》の日」で、特に陽の字が重なる五月五日をさす。三月三日の「女の節句」に対し「男の節句」といわれ、尚武にちなんでショウブやヨモギを軒にさし、ショウブ湯につかる。こいのぼりや武者人形も飾り、ちまきを食べる習わしだ。鹿児島の五月節句は月遅れで祝う地方が多かったが、近年は新暦派が増えてきた。

五月節句に欠かせない食べ物がアクマキ。最近は年中、お菓子屋で売っており、季節感が薄れたが、節句前に農村部を歩くと、アクマキ独特の灰汁臭がやわらかな初夏の風に漂い、郷愁を誘う。

このころは、都会で暮らす子供たちに送るアクマキの小包が、郵便局や宅配業者の集荷場にあふれ、現代の風物詩にもなっている。祁答院町藺牟田の主婦湯之前英子さん（四五）も「マキを作らんと節句を迎えた気がしません」と、ことしも節句前にたくさんのアクマキを作り、県内外にいる親兄弟、親類にふるさとの味を届けた。

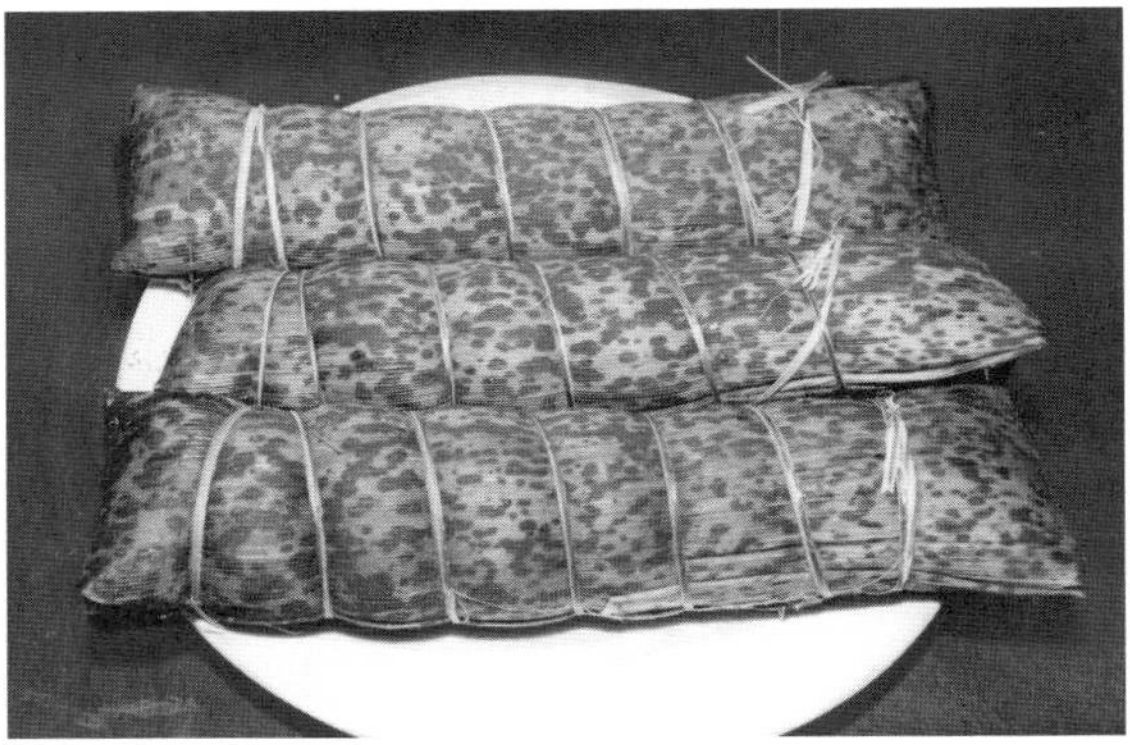
鹿児島の五月節句に欠かせないアクマキ

アクマキは鹿児島を代表するハレの日のもちの一つ。もち米を一晩、木灰汁につける。これを直径五、六センチ、長さ二十センチほどの円筒状に竹の皮で包み、同じ竹の皮のヒモで結ぶ。これを数時間、木灰汁で煮てでき上がり。皮を開くと、米はアメ色にとけている。

輪切りにして砂糖やきな粉をまぶして食べる。ほのかな灰汁《あく》の味とかおり。武骨な味だが、母のぬくもりがしみじみと口にとろける。保存が利くところから、兵糧食として関ヶ原合戦の島津義弘公を由来とする説もある。下野敏見鹿児島大学教授は「関ヶ原は別としても、やはり近世初期頃より始まったもの」（『生きている民俗探訪・鹿児島』）と考えている。

アクマキに似た節句もちがほかにもある。種子島のツノマキと坊津の唐人マキだ。ともに暖竹の葉二枚に灰汁につけたもち米を入れ、三角錘状に包んで煮たもの。ツノマキは牛の角の連想からの名称で、坊津の唐人マキは中国から伝わったといい、アクマキ風と赤飯風の二種類ある。

奄美では円筒状のマキを「カサムチ」という。沖縄でも同じようなもちを「カーサームチ」「鬼もち」

と呼ぶ。下野教授の報告だと、沖縄にはもち米をそのまま煮て作るマキはなく、興味深い。浄瑠璃「女殺油地獄」に「三界に家ない女ながら五月五日の一夜を女の家と言ふぞかし」とあるように、五月節句は元来「女の日」だったようだ。五月は田植え月。田の神の奉仕者である早乙女たちは、この日、忌みごもって田植えに備えた。においのある草葉に包んだマキを食う風習に、魔除けと同時に、もちにこもる神霊の力を得る農耕民の深層心理が隠されていないだろうか。

32 石エビス

肝付町内之浦

網子が神体揚げ祭る

漁の神はエビスさあ。県内の漁村を歩くと、水揚げ場の隅や岬などに、必ず小さなエビス像を入れた祠《ほこら》が目に留まる。漁師は、晩酌や酒宴の場で、最初の一杯を膳の隅に二、三滴落とし「エベスさあ」と唱えてから口にする。魚の食いが悪い時も、眠ったエビスを起こすかのように「エベッ!」と怒鳴るなど、エビスは漁師の最も身近にいる民俗神だ。

エビスの神体は石像・木像がふつうだが、甑島や坊津、内之浦の定置網漁場では、海中の自然石を引き揚げてエビス神の依代《よりしろ》、または神体にする風習が今も残っている。これは漂着物をもエビス神とする古い海の民の信仰にも関連がある。内之浦の網元・東泊俊則さん(四五)の「石エビスと

海中から引き揚げた石エビスに供え物をする網子たち

り」を紹介しよう。

エビスとりは「十日エビス」といって、網を入れた月から終漁まで毎旧暦月の十日早朝に行う。訪れた日がその日に当たり、漁を終えた二十三人の網子は、俊則さんのさし出すクジを引く。漁師はことのほか縁起をかつぎ、黒不浄（身内に不幸のあった人）はクジを引いてもいいが、子供が生まれて一週間たっていない赤不浄の人は、クジ引きだけでなく出漁もできない。

当たりクジを引いたのは、男神とり役は内門力哉さん、女神とり役が東泊六美さん。六美さんは俊則さんの実弟だ。二人は洗いざらしの下着に着替え、身を清めて高山町境の小串海岸へ。眼前に洋々と太平洋がひらけ、黒潮はむ男性的な岬だ。二人は下着一枚になって海へ。正面に俊則さんの定置網の浮きが浮き沈みしている。正式なエビスとりは、沖へ船を出し、ころ合いの位置で船を止める。エビスとり子はタオルで目隠しして海中に潜り、手ごろな石をつかんで浮上する。しかし、この日は低気圧の接近で風波が強く、やむなく陸からのエビスとりになった。

二人は潮間帯に下り、潮だまりから直径三十センチほどの丸石を引き揚げ、間髪を入れず持参した真新しいタオルでくるむ。神の宿る神聖な石なので、他人の目にふれさせないためだ。昔は苫《とま》（スゲやカヤなどで、コモのように編み、小屋や舟などの雨露を防ぐもの）でくるんだという。

二人は石をかかえて、がけ上にある祠まで運ぶ。祠にはかつて神が宿ったお役めご免の丸石が、ごろごろ積まれている。その中央に引き揚げたばかりの石を安置。コメと塩、とりたてのアジを供え、焼酎をふりかけた。この夫婦石が、これから一カ月間の好不漁を左右するのだ。

俊則さんによると、漁のツキは石によって違う。だからノサッ石（好漁をもたらした石）は盗まれることもある。これを「エビスおっとい」という。またノサッ石は再度海に潜めて引き揚げることがある。石を揚げる人によっても好不漁があり、昔は、不漁だったらその人を海に投げ込む風習があった。

33 ハヤマコ

鹿屋市輝北町宮園

松植え牛馬の霊供養

「早馬さあ」と呼ばれる牛馬の神は、馬頭観音に次いで県内に多く分布している。これが集中して分布しているのは、指宿地方と大隅半島の付け根の曽於郡一帯から姶良郡の一部にかけてだ。曽於地方の早馬さあは、山や丘の頂の見晴らしの良い所に、石祠か自然石を立てたり、松の木だけを神として祀り、春から初夏にかけてハヤマコ（早馬講）をしている。

輝北町宮園のハヤマコは新暦四月二十五日だったが、五年ほど前からその前後の日曜日に実施している。ここの早馬さあも集落東の小高い丘にある。ここはかつて集落共同の放牧地で、牛馬を放牧していたが、今はやっていない。

早馬さあは高さ一メートルほどの石祠で、馬の絵を描いているが、文字は刻していない。その傍らに石祠より古い自然石が立っている。この日は集落の共同作業の日で、早馬さあの清掃班、公民館の補修班、それに午後の花見の料理当番の三班に分かれる。

供養築キに松を植え、家畜の健康と霊を慰める農家

早馬さあ清掃班は竹下文男さん（六六）ら七人。竹下さんらは、モウソウ竹で鳥居を作り、古いものと取り替える。さらに石祠一帯の雑草を払い、きれいに掃き清める。一帯はかつて松やクヌギの雑林だったが、老松は松食い虫にやられ、二十五、六年前に青年たちがヒノキを植林した。薄暗いヒノキ林のあちこちに古い土盛りがあり、その中心部に枯れ松がささっている。これが「供養築《つ》キ」で、日差しが届かず陽樹の松は枯れたらしい。

それでも供養築キは、今も行っている。竹下さんらは昨年の供養築キの隣に、一メートル程の土俵ようの方形の塚土を盛る。高さ五十センチほどの土盛りの中心に松の若木を植えつける。そしてその周りに、割り竹でX字形を組み合わせた竹垣を築く。以前は側面に芝を張ったが、今は張らない。これで供養築キは完成する。これら供養松は切ってはいけないとされ、かつてこの禁を犯して切ったところ、それにかかわった人たちの牛馬が病気になって困った、という。だから供養松は年々大きくなり、その木陰は牛馬の格好の休息場になっていたが、今は見るかげもない。

なぜ、毎年供養築キを作り、松を植えるのだろう。江口次雄公民館長（六二）によると、松は牛馬の神木で「死んだ牛馬の霊を供養するため」だという。春は馬の出産期。特に病気に弱いのが馬。かつて人々は馬の病気が流行すると、祭事を行って病気の侵入を防ごうとした名残が、講として定着したのだろう。そこに牛馬と苦楽を共にした先祖たちの姿を見る思いだ。

宮園にはもう牛馬はいないが、吉原茂昭さん（四八）ら養豚農家は、今も子豚が出産するたびに祠にコメ、塩、焼酎を供え、お参りするという。

34

トラコ

指宿市山川町成川

丙寅の日に防火願う

料理を囲み、火の用心を誓いながら談笑する主婦ら

揖宿郡山川町成川の中野集落にトラコ（寅講）が伝承されている。丙寅《ひのえとら》の日に主婦らが宿に集まり、簡単な料理を食べて「火災が起こらないように」祈る講だ。

講員は十二人で、宿は持ち回り。ほぼ二カ月に一回めぐってくる丙寅の日は、必ず講を開くから、全員二年に一回は講元になる勘定だ。成川区長の福ケ迫政信さん（六二）宅であったトラコを訪ねた。

床の間にサカキが飾られ、その前に長さ約三十センチ、幅約十五センチの掛け軸の一部が置かれている。赤地に緑のワク付き、描かれた像は、背景の火炎と右手に持つ棒状のものが確認される。鹿児島に多い火伏せの集落神・アッカドン（秋葉神）の烏天狗にも似ているが、損傷がひどく、確定は困難だ。その掛け軸にろうそくがくゆり、重箱にコメ一升が供えてある。

昼すぎになると、主婦らは三々五々、福ケ迫さん宅にやってきて、宿元のシヲミツさん（六三）にあいさつしたあと、床の間のコメ入り重箱におさい銭を入れ、掛け軸に手を合わせる。

居間のテーブルには茶菓子やきなこもち、煮しめが並べられている。主婦らはお茶を飲みながら夕方まで世間話に花を咲かせる。最年少で名古屋出身の中野由美子さん（二四）は「しゅうとめからすすめられて参加させてもらっています。女同士のおしゃべりが楽しい。先輩たちから教えられることも多いし……」と、くったくがない。ガスが普及、カマド神を祀る風習は消えても、講のたびに火の用心の心を新たにし、主婦らの親ぼくと情報交換の場としての講の魅力があるのだろう。

なぜ丙寅の日に講を開くのだろう。丙は「日の兄《え》」に由来し、トラは千里を駆ける、という故事がある。これらのことから庚申《こうしん》の日に悪いことが起こりやすい、といわれるように、丙寅の日には「火魔が活動しやすい」と意識されたのだろう。だから、火を扱う女性たちが講をし、火災予防の神あるいは火伏せの神を祀っているのだ。

成川には火の神そのものを祀る民間信仰がある。民俗学研究家の小野重朗さんの報告（『民俗神の系譜』）によると、永田集落の大川忠愛さん宅に祀られている。その火の神は、大かまの壁に板をわたし、その表面にワラの簾《みす》をかけ、小さなワラットを垂らしている。ツトの中には粟の一穂が入っており、火の神まつり（旧暦十一月九日の内神まつりと一緒に隔年で実施）の時、新しい粟穂を入れ替えるという。

もう一つは、アッカドンの石像で二カ所にある。毎年一、五、九月の適当な日にまつりをするものだったが、今は毎月一回、石像周辺を清掃するだけで、まつりは実施していないようだ。

35 荒ぶる雷神を鎮める

カンナレコ

伊佐市大口堂崎

地震・雷・火事・オヤジは、古来怖いものの代表格だった。近年、オヤジの座はいささか揺らいでいるが、他の三つは、今も人々の畏敬の対象であることに変わりない。特に農耕民にとって雷は作物に欠かせない慈雨をもたらす一方、落雷の恐怖も計り知れない。人々はこの自然現象を、〝荒ぶる神〟としての雷神の行状と信じ、ことのほか畏敬してきた。

大口市堂崎に今も伝わる女たちの「カンナレコ」(雷講)も荒ぶる雷神を鎮める呪術の一つ。田植え前の四月二十七日、広報研修館で講を開き、落雷の除難を祈った。

講は会食で始まった。カンナレコの料理は、昔からタケノコのまぜご飯と、タケノコの酢みその二品と決まっている。ことしは婦人会ＯＧを特別招待するので、満田正子会長(四四)が、「堂崎Ａランチを準備しました」と胸を張る、会員心づくしの豪華版。母娘四十人が談笑しながら舌つづみを打った。

楽しい会食がすむと、いよいよ「カンナレ・オトシ（雷落とし）」。怖い落雷の模様を遊戯化したゲームで、「カンナレ・ナンコ」という所もある。

一同は円陣を組んで座る。オニと呼ばれる雷神に扮した満田会長が円の中心点に座し、両手で目隠しする。そして「ゴロ、ゴロ」と雷鳴の擬声を発する。すると、婦人たちは、瓶の口にタオルを巻きつけた一升瓶を手から手へ渡し回す。昔はタオルでなく、一升瓶にシベを刺したものだったという。

雷鳴がゴロ、ゴロする間に一升瓶を急いで次の人に回すカンナレコ

ゴロ、ゴロ……満田会長の発する〝雷鳴〟が続く。と「ターン」と大きな〝落雷〟の一声。キャー、〝落雷〟の瞬間、一升瓶を手にしていた婦人が飛び上がる。この人が雷に当たったのだ。当たった罰に一芸を披露して満田会長とオニを交代、また「ゴロ、ゴロ……ターン」とゲームが続く。オニは歌を歌ったり、踊ったり。そのたびに歓声や拍手がわき一気に盛り上がる。子供たちの遊戯「かごめ・かごめ」に似た余興だが、不思議と嫁・姑の間でオニの交代が続き、爆笑の連続だ。
カンナレコはカンナレドッ（雷斎）ともいい、伊佐から姶良地方、桜島にも分布していた。この講の伝承がある所は、落雷の害を受けやすい、比較的平地の集落が多い。また大口地方では、同じ日に子供たちが「天神講」をした。この事実から、菅原道真公を御霊《おんりょう》信仰としての「雷神」として恐れ、また学問の神「天神」とあがめる神性の変化が読み取れる。

なお、鹿児島では落雷除けに桑の葉を結びつける風習がある。また雷鳴が聞こえると「ドデツカ、ドデツカ」と唱える言霊《ことだま》（言葉の持つ不思議な力）信仰も生きている。

36 お田踊り

南さつま市金峰町尾下

変化に富む芸能奉納

鹿児島のお田植えまつりは二つの系統がある。一つは旧暦二月の「打ち植えまつり」。神社の境内を田に見立て、そこを耕して種をまく所作をして豊作を予祝する。さまざまな牛が登場する。

もう一つは旧暦五月の「お田植えまつり」。個々人が田植えをする前に、まず神田の田植えを早乙女、早男らがするまつり。田の神舞などの芸能が付随する。

打ち植えまつり分布が希薄な南薩では、田植え前の旧暦五月（今は新暦五、六月）、神社に棒踊り系の踊りを奉納、眠れる地霊をよびさまし、豊穣を約束させる独特のまつりがある。代表的なものが、金峰町金峰山神社の「お田踊り」、伊集院町熊野神社の「ギクラとび」、日吉町八幡神社の「せっぺとべ」などだ。

　新暦五月五日の金峰山神社「お田踊り」は、棒踊り系の諸芸能が一堂に見られることで知られる。尾下《おくだり》集落の東端、金峰山を望む小高い森に鳥居が二対立つ。右が南方神社、左は金峰山神社遥拝所《ようはいじょ》のものだ。この日、鎮守の森では集落ごとに輪を作り、弁当を開いてオデバイ気分でにぎわう。

稲の豊作を願い、刀踊りを奉納する中学生たち

　この間、神事も終わり、踊りの奉納順を決める抽せんが始まる。トップは例年、扇山の指定席と決まっている。『金峰町郷土史』によると、明治十七年ごろ、天災で稲が不作になった。そこで扇山の人たちが棒踊りを金峰山神社に奉納、豊作祈願したところ、翌年は豊作になった。それ以降、旧田布施郷の他の六集落もこれにならった。扇山が奉納踊りの先頭を切る理由がここにある。しかし田踊り系芸能の起源はもっと古い。幕末から明治初期の動乱期に一時途絶えた田踊り系芸能が、世相が比較的落ち着いた時期に復活したのだろう。
　四、五人でかかえる高さ約六メートルの竹が、踊りの露払い。竹の頂には長さ一メートルほどの球形の赤いシベを結んでいる。踊り子は二列縦隊。お年寄りの歌に合わせ、カマと棒を交差させ、激しい動き。この間、シベ付き竹はドッスン、ドッスンと地面を突く。見物人の足元を揺るがす地響き。シベが上下に激しく揺れる。眠れる地霊を揺り起こしているのだろうか。くぼんだ穴を突く所作は、生殖の類似感染か。ともかく地突き棒に、作物を育てる不思議な呪力を認め、それが棒踊り芸能に発展したのは間違いなさそうだ。

このあと、尾下上や上馬場……と集落ごとの棒踊りや刀踊り、金山踊りなどが次々に登場。集落ごとに踊り方が微妙に違う。衣装もカラフル。境内は田踊り系芸能の「生きた民俗芸能館」といった風情だ。

37 はね回る異装三才衆

ヂクラとび
日置市伊集院町飯牟礼　熊野神社

稲の豊穣を祈るお田植えまつりの一つ「ヂクラとび」が五月五日、日置郡伊集院町飯牟礼の熊野神社であった。

伊集院の中心街から県道を日置方向へ。長い坂を上りきったところで左に折れ、約二キロ入った右側に小さな社が見える。熊野神社だ。短い参道に露店が四軒、まつり日を演出している。境内は早くも見物客でいっぱい。金峰町の田踊りを見て駆けつけても十分間に合う時間帯だ。

午後二時すぎ、長さ七、八メートルもあるカラダケを先頭に踊り連が鳥居をくぐる。竹の先端には松の削りかけの束を赤く染めたシベをつけている。シベ竹の後ろは白はち巻き、黒絣の着物姿の踊り連。ことしの先陣は下集落の二才、三才衆だ。

奉納芸のトップは「シベ竹立て」。若者の一人が両手でシベ竹の根元を支え持って境内中央に進む。風に揺られたシベ竹は、あっちにユラリ、こちらにユラリ。男は風向きを計算に入れながら微妙にバランスをとり必死の形相。一瞬バランスを崩すと、観客はハッと肝を冷やす。鹿児島の「おぎおんさあ」の鉾立《ほこだ》てに似てスリリングなショーだ。このシベ竹は、神霊が降臨する依代なのだろう。

腰をひねって跳びはね回る異装集団の「ヂグラとび」

見事な曲芸に拍手がわき、若者がシベ竹を下ろすと、棒踊り連が拝殿に向かって整列する。すると、腰や肩に荒縄を巻き、背中にシバやカズラをくくりつけた異装の三才衆二十数人が現れる。歌い手の前田喜市さん（八五）が、

〽今こそまいるは神の前、
清めの雨はバラエ、サラエ……

と、朗々と歌う。すると、異装集団は、体をひねりながら跳びはねるユーモラスなしぐさを繰り返しながら、踊り子たちの周りをはね回る。時折、場外からバケツの水がふりかけられて景気づけ。それでも焼酎の勢いも手伝って奇声を上げながら荒々しいはね踊りが続く。「ヂクラとび」だ。

異装集団のはね踊りは、隣の日吉町八幡神社の「せっぺとべ」とよく似た所作に見える。「ヂクラ」の語源を知る地区民はいなかったが、下野敏見鹿児島大学教授は「ヂクラは地カグラのことで、踊り子の地座を確保する意味。シベ竹に神霊を招いたのち、稲苗の活着と生長がよいようにと、ヂクラとびをして祈る神事芸能」（『生きている民俗探訪・鹿児島』）とみる。

異装集団が去ると、棒踊りの出番。カッカッと棒をたたき合い、勇壮な踊りを奉納した。このあと、中、上集落の順でヂクラとびなどを披露した。

前田さんによると、明治時代は四十一組もの踊り連が登場するにぎわいぶりだった。現在は三組が中・高校生の協力を得て何とか郷土の伝統行事を維持している。

38

四月ドッ

志布志市志布志町安良

災害祓いと豊作祈願

庭木にコガラシドンにあげるワラツトを下げるチリ子さん

季節の折り目の小さな祭事を南九州では「トッ」（時または斎の意味）という。トッの種類はさまざまで、民俗学研究家の小野重朗氏は、南九州のトッを三つのパターンに分類している（『鹿児島民俗80号』「季節儀礼のトキ」）。

火のトッや病ドッなど、災害を祓《はら》う防災儀礼、田植えドッ、カッサドッ、シマイドッなどの農作物の植え付け後や収穫後に行う農耕儀礼。もう一つは季節儀礼としてのトッで、南隈地方の旧暦六月末日の正月ドッや、旧暦四月一日、三日あるいは八日に曽於郡や宮崎県庄内地方で行われる四月ドッがこれにあたる。志布志町安良の農業小屋安男さん（六四）宅の四月ドッを見せてもらった。

安良では旧暦四月一日（ことしは五月九日）が四月ドッの日だ。安楽神社近くの小屋さん宅では、妻のチリ子さん

（五八）が庭先で、長さ約三十センチのワラットにグリーンピース入りおこわめし、大根・ニンジン・タケノコなどの煮しめを詰めていた。ワラットの両端には長さ約四十センチの下げ縄が掛けてある。その下げ縄には竹バシ三組を横にハシゴ状に挟み付けてある。チリ子さんは、これを庭木に掛けた。昔は山の入り口や門口などにも掛けたが、今は簡略化して山には掛けないという。

小屋さん一家は夫婦二人暮らしなのに、なぜ竹バシ三組なのだろう。「一組はコガラシドン（小烏殿《こがらすどん》）のためで、トッのダゴ（だんご）も小烏殿にあげるものだ、と聞いています。ワラットを掛けると、小烏殿がさっそく、山からやってきて食べるので、掛け終わったらすぐに帰ってこい、と親から言われるものでした」とチリ子さん。「小烏殿は神さあの使いじゃっで、ワラットをあげると、作物が小烏殿に荒らされないとも言われています」とつけ加えた。

烏は山の神のミサキだ、という俗信は鹿児島県内各地でよく聞かれる。チリ子さんが「死人が出る家の近くで、小烏殿がよく鳴く」と語るように、この聖なる烏は人々に災難を予知予告するとも信じられているが、四月ドッでは、烏は神の使いというよりも神そのもの、と意識されているようだ。

旧暦四月初めになぜ小烏殿を祀るのだろうか。チリ子さんは「麦の収穫で（農事暦の）一年が終わる。これから水稲など作の一年が始まるので、新しい年も豊作であるよう、小烏殿にお祈りする」のだという。小野氏は、烏の正月（二月一日）やコト八日（同八日）のように、全国的に偶数月の一日や八日は、山や川の災害を祓う行事が多いことから「春ゴトと同質性の強い民俗」（同論文）とみている。安良でもかつては一日農作業を休み、物忌みして過ごしたという。

39

石敢当

鹿児島県全域

辻角に立つ魔除け石

古い集落を歩くと、小路の突き当たりや袋小路の入り口などに「石敢当」と刻した小さな石造物を見かける。鹿児島では「せきかんとう」と読み、一般に「魔除けの石」といわれる。

石敢当は、沖縄や鹿児島、旧薩摩藩の宮崎県諸県《もろかた》地方に色濃く分布、石敢当文化圏を形成している。加治木町の石敢当研究家の松田誠さん（四三）は沖縄・南九州地域ですでに五百二基を確認している。県内では喜界島や山川、串木野、川内など薩摩半島西岸部に多いという。

石敢当信仰は二千年ほど前、中国で発生したといわれている。下野敏見鹿児島大学教授によると、石敢当は「石を立てる風習と、突き当たりの場所を忌む習俗、屋敷を守るという考えの三要素を基本に成立した民俗」（松田誠著『石敢当の現状』序文）という。邪霊

猿田彦も併記、道祖神との習合を思わせる日置市吹上町の石敢当

をはらう石の霊力と、「向こうところ敵なし」とか、「石あえて当たる」という文字信仰が習合した、境界を守る防障のために立てたらしい。先祖には、石に石をぶっつけると、はねかえる物理的現象を「石を投げ返された」とみる深層心理があったのだろう。石敢当信仰は消滅しつつある民俗だが、新しい石碑もふえている。生きている民俗だ。

中国から日本への伝播ルートとその時代はいつごろだろうか。琉球や南九州に色濃く分布していることから、松田さんは「琉球弧沿いの北上ルートが考えられるが、全国的にみると、朝鮮半島経由もありうる」とみている。

建立年月を記したものは少ないが、松田さんの調査で、確認できる最も古いものは、宮崎県えびの市飯野の元禄二（一六八九）年で、県内では祁答院町の宝暦四（一七五四）年だという。天明二（一七八二）年、来鹿した橘南谿の『西遊記』には「薩州鹿児島城下町々の行当り、或は辻、街などには、必ずその高さ三、四尺斗なる石碑あり。石敢当という文字を彫付けたり……」とあり、十八世紀末には、石敢当を立てる風習が鹿児島城下で一般化していたことがわかる。

一口に石敢当といっても形状はさまざまだ。鹿児島の彫字を見ると、一般的には「石敢当」だが、中には梵字《ぼんじ》のついたもの、石敢当の文字の上に「心」の字を付したものもある。徳之島や喜界島、トカラ列島には、縦横の格子紋を刻んだものがあり、下野教授は「格子紋は修験道の災厄を祓う呪文で、薩摩修験道の南下を物語る」（前書）と指摘している。吹上町野首には「猿田彦《さるたひこ》」と併記した石敢当があり、日本古来の道祖神信仰との習合もみられる。

「石散当」「石眼当」「当散石」などは、石工や依頼主が字を見誤ったためだといわれ、鹿児島人のテゲテゲさ、おおらかさの象徴という人もいる。

40 せっぺとべ

日置市日吉町日置　八幡神社

泥まみれで豊作祈る

シベ竹に稲霊を招き、泥んこになって踊って豊作祈願

旧暦五月は田植え月。日吉町日置の八幡神社の「お田植えまつり」は旧暦五月六日だ。現在は新暦六月の第一日曜日で、ことしは一日に催された。

正式にはお田植えまつりだが、現在では「せっぺとべ（精いっぱい跳べ）」という方が、通りがよい。男衆が神田で泥をはねながら跳び回る時のかけ声に由来する。この所作を「バカ踊い」といっていたが、「バカとはあんまりだ」と戦後、だれいうことなしに「せっぺとべ」と呼ぶようになったらしい。

神事のあと、諏訪集落の笹踊りを皮切りに五集落の郷土芸能が奉納される。この間、白はち巻きに白じゅばん、白たび姿の男衆約五十人は境内の水たまりで肩を組み、跳びはねる。たちまち、全身泥だらけ。泥はピシャ、ピシャと見物人にも容赦なく飛び散る。泥んこになった男衆の頭上にバケツの水が威勢よくぶっかけられる。稲に欠かせない慈雨の類感呪術なのだろうか。

まつりムードが一段と高揚したところで、ご神体は、高さ二・五メートルもある弥五郎どんに似たウォードン（大王殿）や神馬、氏子らを従えて神社下の神田へ。

一行はあぜ道伝いに巡幸するが神馬だけは、ほんの五、六メートルだが神田に入って、泥を踏みしめて通る。「馬耕」が頭をよぎり、アッと息をのむ。スキやモガによる田耕の以前、牛馬が田を踏みしめ田ならししたという。種子島では、この「馬耕」の風習が明治の頃まであった。せっぺとべの神事に馬が登場するのも、この「馬耕」の残影とみるのは思い過ごしか――。

ご神体は、神田横の祭壇に鎮座。また神事があり、笹踊りや虚無僧踊りなどが奉納される。神田の周りはすでに黒山の人だかりだ。

一方、すでに全身〝泥衣装〟に変じた男衆は、高さ十数メートルのシベ竹を先頭に神田に飛び込み、数人ずつ肩を組み、盛んに跳びはね、歌いまくる。かなり酔いつぶれているので、足元がおぼつかない。泥田に足を取られ、長々と伏したままの男もいる。これら所作は、馬耕よりもっと古い、人の足で田ならしする「足耕」をも想像させるに十分だ。

その向こうに、何本もシベ竹が空に突き立ち、旗がなびいている。このシベ竹に稲霊（田の神）を招き寄せ、泥田を踏んで地霊をも目覚めさせて、稲の豊穣を祈る呪術なのだろう。

泥まみれの男衆の歌に、

〽せっぺとべ　とべ　なんのバチかよ　八幡馬場で
　七里へだてて　跳っけ戻る

という歌詞がある。鹿児島に出稼ぎに行っている氏子も、この日だけは、何をさておき祭りには せ参じて泥まみれになる。田植えに〝泥の呪術〟は欠かせない。泥こそ豊かな稲の実の根源なのだから――。

41 ロバさん

南さつま市笠沙町片浦

中国伝来の航海の神

笠沙町片浦の商業林真古刀さん（四三）宅に「ロバさん」と呼ばれる古びた木像が、代々祀られ、信仰されている、と聞いて訪ねた。

林さん宅に祀られている「ロバさん」像

片浦は東シナ海にひらけたリアス式入り江の漁村。集落は西に面した傾斜地に、ひっそりと軒を寄せている。林さん宅はこの手前の玉林小前の美容院。林さんは柔和な笑顔で床の間に招き入れてくれた。

仏間の高さ四十センチ余の女神像が目に止まる。ロバさんだ。天冠をかぶり、両手をそで裏におさめて胸の前に置いた美しい座像。日本の仏像とは趣を異にしている。女神像とは別に、小さな厨子に納められたロバさんが一体と、千里眼、順風耳などと見られる随身的な像が四体ある。いずれも真っ黒くすすけている。戦前までは赤や青など色鮮やかに彩色されていたという。

ロバさんは「ボサさん」ともいうが、正式には「媽祖《まそ》」とか「娘媽《じょうま》」ともいい、中国から伝わった〝航海の神〟だといわれている。

林さんの先祖は、明朝末期（十七世紀末）に中国の福建省から娘媽像を携えて笠沙に移りすみ、帰化したといわれ、真古刀さんは十四代目。ロバさんの縁日は、古来旧暦十二月十八日。かつてこの日は豚を殺して、赤飯とともに供えていた。現在もこの日、豚汁を作って丁重に祀っている。

片浦の背後に野間岳が美しいりょう線を描いて雲間に見える。山頂近くにある野間神社の東宮はニニギノミコトを祀っているが、西宮には明治二年まで林家の娘媽神を祀り、近海を通る交易船の守護神として海の男たちの信仰を集めていた。ロバという野間の語源も娘媽の中国読み「ろうま」に由来するという説もある。

娘媽像がなぜ航海の神なのだろう。福建地方は船員や航海業者が多い。伝承によると、十世紀の後半ごろ、漁家の林氏の娘が機を織ろうとすると、突然めまいがして「父と兄の乗った船が沈没した。父は無事だが兄は亡くなった」と母に言い、後日その通りの知らせが届いた。この〝事件〟で、娘は航海の神とあがめられるようになった。一説には、娘は「自分は海神の化身である」といって海に身を投げた、ともいう。福建地方に昔からあった海上安全の守護神と、多くの伝説がまざり合って、媽祖信仰が東シナ海一帯に広まったのだろう。

鹿児島には林さん宅のほか、坊津や頴娃などにも媽祖像が現存している。古来海運の栄えた地方で、中国との文化交流の深さを物語っている。

女性を航海の守り神とする信仰は奄美や沖縄のウナリ（姉妹）神とも共通する。奄美では旅に出るエーリ（兄弟）に自分のウナリ（姉妹）が手ぬぐいを贈る風習が、近年まであった。

42

オロゴメ

垂水市柊原

子らが馬追いの模擬

早暁の浜で肉弾戦を繰り広げる子供たち

馬追いを模した子供たちの遊びは、鹿児島独特の旧五月節句行事だ。コマトイ（駒取り）とかオロウマエ（笠《おろ》馬追い）、またはオロゴメ（笠駒）など呼び方はさまざま。戦前まで鹿児島湾岸沿いや薩摩半島西岸沿いの集落に色濃く分布していたが、近年急速に衰退している民俗の一つ。それでも喜入町や指宿市の一部では、新暦五月五日に引き寄せてやっているし、垂水市柊原《くぬぎばる》でも月遅れの六月五日早朝に行っている。

柊原は市街地から鹿屋市古江へ向かう国道２２０号沿いで、長い砂浜が美しい集落。午前三時半、新生親子会（野口俊弥会長）の児童八人は「子馬引出馬合戦」などと大書したのぼりやたいまつを掲げて近くの切目王子神社まで行進、拝殿でかしわ手を打つ。かつては牧場に見立てた山に登ってのぼりを立てたのだろう。

参拝を済ませて気合十分な子供たちは浜に下りる。浜には既に約五メートル四方の苙《おろ》に見立てた大穴（深さ約二メートル）が掘ってある。苙とは、牧で放牧した馬を追って捕らえる土塁のこと。藩制時代は各地に牧や苙があり、春になると放牧していた馬を苙に追い、二歳駒を捕らえて軍馬や農耕馬として使っていた。当時の苙の痕跡は各地に残っている。苙、苙岡、苙口などの地名も随所にみられる。

浜にしつらえた苙のふちは、ぐるっと砂を盛り、一カ所だけ底までゆるやかなスロープを描いている。周りでは、暗やみの中でたいまつの炎が浜風にゆらめき、苙を浮かび上がらせている。白いふんどし姿の裸のコガシタ（小頭）たちが歓声を上げて〝苙〟に入る。これが牧から苙に追い込まれた若駒たちだ。すると、六年生のオヤガシタ（親頭）たちがコガシタたちの足を引っぱり、苙から引き出そうとする。コガシタたちは、そうはさせまい、と足をばたつかせて必死に抵抗する。苙の上から高見の見物の親たちは「それ引っぱれ」「負くんな」とやんやの声援。だが、オヤガシタらは体力にものをいわせ、一人、二人とコガシタを苙から引きずり出す。

攻守代わって今度はオヤガシタたちが若駒役。とびかかるコガシタたちに「やっか」と声で圧する。が、多勢に無勢。前から後ろから、さらに横からも取りつかれてはたまらない。

まるで人間綱引き。たたく、けとばすの肉弾戦は、砂浜が朝日できらめくころまで何度も繰り返される。昔日の勇壮な馬追い光景をほうふつさせる民俗行事だ。

43

ガルどんのダゴ流し

いちき串木野市市口

河童に水の安全祈る

鹿児島では古来、旧暦五月十六日は水神をまつる日であったらしい。この日（ことしは六月二十二日）、串木野市一帯では「ガラッパ（河童）どんのゴゼムケ（嫁取り）」だといって、白団子を細長いワラットに入れ、子供たちがこれを川に流した。この団子を「ハンザどん（半左衛門殿）のダゴ」といった。

近年、急速に衰退した民俗だが、五反田川河口の市口地区ではこれを「ガルどんのダゴ流し」といって、子供会の伝統行事として今も実施している。

この日、子供のいる家庭では、小麦粉や米の粉で団子を作り、長さ四十センチほどのワラットに包む。夕方の干潮時を見計らって、子供たちが団子の入ったワラットを手に、近くの五反田川河口左岸に集まってくる。子供たちは公務

川面に浮かぶガルどんのダゴが入ったワラット

貝松下巳喜男さん（五六）からダゴ流しの由来を聞いた。

そのあと、堤防下に下り、「ガルどん、ことしも水の事故がないように」「お尻を抜かないで」と、大声で唱えながら、ワラットを川面に投げ入れた。夕暮れの川面にはユラユラと数十個のワラットが漂い、精霊流しを思わせる幻想的ムードだ。

プールのなかった昔、川は子供たちの格好の水遊び場だったが、深みにはまる水難事故も多かった。こうした水の事故は、ガルどんが足を引っ張ったり、尻を抜くなど悪さをしたためと信じられていた。そこで、水の季節を前に、ガルどんに好物の団子を子供が供え、悪さをしないよう祈った。こうすると、川や海で泳いでもカワドリ（川取り＝水難）にあわない。ダゴ流しがすむまでは、けっして川や海で泳いではいけない――などの言い伝えが残っている。

河童伝承は薩摩半島、とりわけ川内川流域に色濃く分布し、「川内ガラッパ」という市民気質の代名詞にまでなっている。他の地方でも旧暦五月十六日に、河童の好物のキュウリを川に流す風習があったほど、河童は私たちの身近に存在していた。

では、河童伝承または信仰の原形は何だろう。その住む空間を考えたい。南九州では、河童は春秋の彼岸に山と川を往来するというが、九州北部では河童の山中生活の伝承はない。一方、熊本県中南部では山ン太郎、川ン太郎と、その住む場所でその呼び名が違ってくる。また奄美のケンムンや沖縄のキジムナーは主に山住み、ガジュマルの木にも住むという。

民俗学研究家の小野重朗さんは、熊本や南島に河童の古形が残っているとして「河童の原形は山の神」と説いている（『神々の原郷』）。河童はもともと、山中生活していた人間の近辺にいる妖怪だったが、人間が平地の農耕生活に移るとともに山を下り、水辺に住み、あるいは山川を往来した。ついには川に定住、そして大半が消失したのだろうか――。

44 作の祈とう
長島町汐見

田に虫よけ札立てる

田植えがすんだ田んぼでは今、みずみずしい緑の葉波をそよがせている。若苗が害虫に食い荒らされることなく、豊かな穂花をはらむように、と六月二十九日、長島町汐見で「作の祈とう」が行われた。

黒之瀬戸架橋を渡り、国道389号を左に折れ、東町境の最初の集落が汐見（二百十一戸）だ。水平線に甑列島を望む浦浜とその奥に広がる農村部があり、水田は約二十ヘクタールだという。

作の祈とうは浦浜の若宮神社での神事が主。午前十時半に磯崎忠幸地区公民館長ら四集落の役員十二人が拝殿に正座して、神主の池田秀二さん（六八）が祝詞《のりと》奉上。池田さんは野田町熊野神社宮司だが、長島には神職が不在のため、島で祭事があるたびにかり出されるのだという。

昨年、長島の水稲は台風19号と病害虫の異常発生で思いがけない不作。町全体で一昨年比八千百万円の減収だった。それだけに「ことしこそは大豊作を」の願いは強く、神前に玉ぐしを捧げる役員の顔は真剣そのもの。

ひと通りの神事がすむと、池田さんは高膳の上に積まれたお札の山をはらい清める。お札には「若宮神社除皇祭御守護」と黒々と墨書してある。「除皇祭」という名称をいぶかっていると、池田さんは「〃皇〃という字は、万葉語でイナムシとも読むのですよ。ウンカ類をはらい除くまつりです」と説明する。あとで『広辞苑』を引くと確かに「蝗《いなむし》」がある。「皇」は「蝗」の字を略したのだろう。お札は全戸に配る。各戸はこれを竹ざおに刺し、自分の田や畑に立てるのだという。

田植えがすんだばかりの田んぼに虫よけの札を立てる

幅約十センチ、長さ約一メートルの大ぶりの吹き流し風の札がある。汐見集落の浜田佐敏公民館長は、この札を持って田んぼに行く。集落全体の稲の除虫・豊作を祈るために、あぜ道に竹に刺して立てるのだという。ことしの長島の田植えは例年より一週間ほど遅れて六月十八日に始まり、同二十五日に終わった。だから早苗は十センチほど水面から葉をのぞかせているほど。浜田さんは立てたばかりのお札に深々と一礼して、直会《なおらい》会場に急いだ。

稲作の機械化が進んだ今日、古来の稲作儀礼は簡略化し、衰退しているが、長島にはまだ折々の稲作儀礼が残っている。汐見に例をとると、若宮神社の春の大祭に始まり、田植え前の川祭りと呼ぶ水神祭、田植え直後のトビノコ祝いとサノボイ、そして作の祈とうと続く。トビノコ祝いは、田んぼの水口に、植物の広葉にくるんだ赤飯を供え、稲の生育に欠かせない水が枯れないよう祈るもの。また収穫後の十月には、種子島でも盛んな「願成就」を行い、願直しして豊作に感謝している。

人畜の無病息災祈る

45

六月灯

鹿児島県内一円

勇ましい金魚すくいや綿あめ売りの売り声。涼やかな風鈴のささやき——六月灯は鹿児島の夏の夜を彩る風物詩だ。ほのかに揺れる灯ろうの淡い光の下を、浴衣がけで鳥居をくぐって神仏に手を合わせた幼児体験は郷愁になっている。

六月灯は旧暦六月（現在は新暦七月）に神社や仏寺でそれぞれ決まった日に行う。神社仏閣だけではない。アッカどん（秋葉殿）やハヤマサア（早馬様）、カノエンカンサア（庚申神）などの小さな野の石祠でも催されている。六月灯は奄美など南島にはあまり見られないが、鹿児島県本土から宮崎県南部の旧薩摩藩の領内に色濃く分布している。

鹿児島市では七月一日の八坂神社を皮切りに毎晩のように六月灯があり、月末まで続く。昔ながらの民俗や年中行事がすたれていく中で、六月灯だけは、地域の子ども会活動にも組み込まれるなど年々盛んになる傾向すらある。特に十五、十六の両日行われる鹿児島市の照国神社の六月灯は規模、人出とも県内最大の夜まつりになっている。

灯ろうの灯りゆらめき、夏の夜を彩る六月灯

六月灯の由来や意義はあまり知られていない。『鹿児島のおいたち』などに、十九代藩主・島津光久公由来説が載っている。光久公が上山寺新照院の観音堂を造立。たくさんの灯ろうを作って灯をともし、仏まいりした。檀家もこれにならって多くの灯ろうを寄進した。その夜、一面の灯ろうの灯の海が御堂を美しく浮かび上がらせ、たいへんなにぎわいぶりだった。これが評判になって藩内のお寺や神社に伝わった——というものだ。

光久公が灯ろうを寄進したのは史実だろう。新照院観音堂の灯ろうの美しさが、六月灯という行事を盛んにしたこともありうることだ。

なぜ旧暦六月に神社やお寺に灯ろうを掲げておまいりし、六月灯といったのだろう。民俗学研究家の小野重朗さんは、指宿市玉利で明治中ごろまで行われていた「六月のオツメアゲ（お灯明上げ）」を例に起源を説明している（『かごしま民俗散歩』）。

それによると、旧暦六月が近づくと、ムラの青年たちは家々を回りオツメ銭をもらい集める。この金で一・八リットルほどの種油を買う。そして旧暦六月中毎晩、当番が集落のアッカどんやツイどん（鎮守殿）などの野の神々に一皿ずつ油火をともし続け、灯が消えないよう守り通した。では、なぜ野の神々にオツメアゲをするのだろう。旧暦六月は梅雨のさなか。人や牛馬の病気が流行し、稲田に害虫が発生する時期だ。そこで生きとし生けるもの全てが無病息災でいられるよう、神々に灯をともし、願をかけた。小野さんは、このオツメアゲが六月灯の由来ではと見ている。

46 お田植え祭

南九州市川辺町　飯倉神社

豊作を祈願、虫供養も

神社のお田植え神事がすむまでは、家々の田植えはするものでなかった。最近は機械化が進み、生育の早い苗の普及もあってこの禁は、とやかく言われなくなってきている。それでも川内市の新田神社や隼人町の鹿児島神宮など古風を残す神社では、入梅の日前後の比較的早い時期に田植え神事を行う。

ところが川辺町宮の飯倉神社は毎年、農家がすっかり田植えを終えた新暦七月十日がお田植え祭。田植え神事が七月にずれ込むケースは、鹿児島県内でも珍しい。

逆転現象には理由がある。神社側によると、かつて祭礼日を一般の田植え期に引き寄せて実施したことがある。ところがこの年、一帯を山津波が襲い、甚大な被害に遭った。「神さまのたたりだ」と、誰言うとはなしに、祭礼日を元に戻し、それが定着した。

早乙女の田植えを邪魔する張り子のコッテ牛

神事を終えた午後二時半、先導役の猿田彦の露払いで神社の西約三百メートルの神田まで巡幸。神田は約五十平方メートルほどの小さな箱田で、田んぼの横に神木が立つ。原之園晃功さん（四七）らが入った牛の張り子が田に入り、モガ引き役の尾込紀男さん（四六）にリードされて田をよむ。牛はコッテ牛で、田んぼに長々と寝そべってモガ引きを困らせる。かと思うと、突然起き上がり、田を囲む氏子らをめがけて泥をはねて回る。キャー、キャーと悲鳴を上げ、人波が揺れる。馬耕をほうふつさせるユーモラスな田園劇だ。

牛が田を踏みしめて田はすっかりならされ、田植えの準備が整う。お母さん早乙女らが田に入り、慣れた手つきで、早苗を植える。この間、張り子の牛はあぜ道でのんびりと昼寝をむさぼっていたが、やおら起き上がったと思う間もなく、ドブーンとまた田に入り、早乙女らに悪さをして氏子らを喜ばせた。田植えが済むと、広場で青年らの棒踊りが披露され、また全員が神社へ。拝殿で古式ゆかしく奉納される「田の神舞」を堪能した。

飯倉神社のお田植え祭は「田植えドッ」を伴うのが特色。ドッはトキ（時または斎）がなまった言葉で、季節の折り目に集落ごとに行う小さな農耕・防災儀礼のこと。田植えドッはサノボイ（田植え上がり）の日に行う農耕儀礼で、六丁集落では六日行った。主婦らが赤飯のにぎり飯をワラットにくるみ、自宅木戸口に下げる。夜は公民館でソシン講をした。

蔵前ハルさん（八一）は「田植え時にカエルなどたくさんの虫けらを殺すので、それを弔うのだ」と語る。かつては「一人ドッをしない」と、この日は集落全員が仕事を休み、物忌みしたが、もうこんな風習はすたれた。

47 トラゴゼさあ

南九州市川辺町神殿上

水害避け、慈雨乞う？

旧暦五月二十八日は、曽我兄弟が富士のすそ野で父の敵工藤祐経を討った日（建久四年＝

一一九三）といわれる。曽我兄弟の親孝行を賛美、自ら非業の死を遂げた兄弟の霊を慰めようと、鹿児島市甲突川畔で毎年「曽我どんの傘焼き」（ことしは十九日）を行う。

曽我十郎の恋人が遊女の虎御前。彼女は十郎との別れに際し「これほどの大事、はかなき女の身なりとも、いかでか人にもらすべき……」と誓い、諸国を巡礼して兄弟の供養をした、と『曽我物語』は語っている。

虎御前の供養碑が、川辺町神殿上の万之瀬川右岸台地に立っている。聖地モイドン（森殿）を思わせるうっそうとした雑木林の中。『川辺町郷土史』によると、かつて九重の塔であったが、現在は三重塔の上に、高さ七十三センチの薩摩塔がのせてある。「以前ここの木を切った人が、たたりにふれて死んだ」との言い伝えがある荒神さあで、地元の人は「トラゴゼさあ」と呼んで畏敬し、四季の花が絶えない。

こんもりした森にひっそり立つ「トラゴゼさあ」

諸国を巡礼したといわれる虎御前が、鹿児島の地に来たという史実はない。なのに川辺だけでなく県内には曽我どんの墓（牧園）、大磯虎女の墓（菱刈）、虎が石（志布志）、曽我石（鶴田・溝辺）など曽我兄弟や虎御前にゆかりがありそうな石碑が多い。曽我ものに縁もゆかりもない鹿児島の各地に供養塔や墓、傘焼き行事が残っているのも不思議だ。

「虎」を考えてみよう。神奈川県大磯町に「虎が石」がある。虎御前が曽我兄弟の夜討ちの成否を案じ、夜もすがら寄りかかった石だといわれる。民俗学の先達柳田國男によれば「トラ」はトウロ、トランで「石のそばで修法する巫女《ふ》の総称」だという。つまり「トラ」と普通名詞で呼ばれる諸国巡礼の巫女集団がいた。そこでたまたま十郎の愛人が虎御前ときた。民衆にとって『曽我物語』が語る虎御前の神がかりともいえる姿と、巫女集団のそれがダブって映ったはずだ。巫女の中には自ら虎御前を名乗った者もいただろう。

また旧暦五月二十八日は「虎が雨」といって、必ず雨が降るとの俗信がある。これも「曽我兄弟の雨の夜の討ち入り」にちなむ。一方、旧五月下旬といえば田植え月で梅雨の季節。農民にとって大雨も日照りも困る。巫女に雨乞いを祈らせる農民の習俗もあったという。

水辺で行う曽我どんの傘焼きや虎御前伝説の水との関連性は否定できない。非業の死を遂げた人の霊は、たたるという御霊信仰もある。川辺の「トラゴゼさあ」も、霊を鎮め慈雨を願うものだろう。

48

船霊さあ

南さつま市笠沙町小浦

少女が作る航海守護神

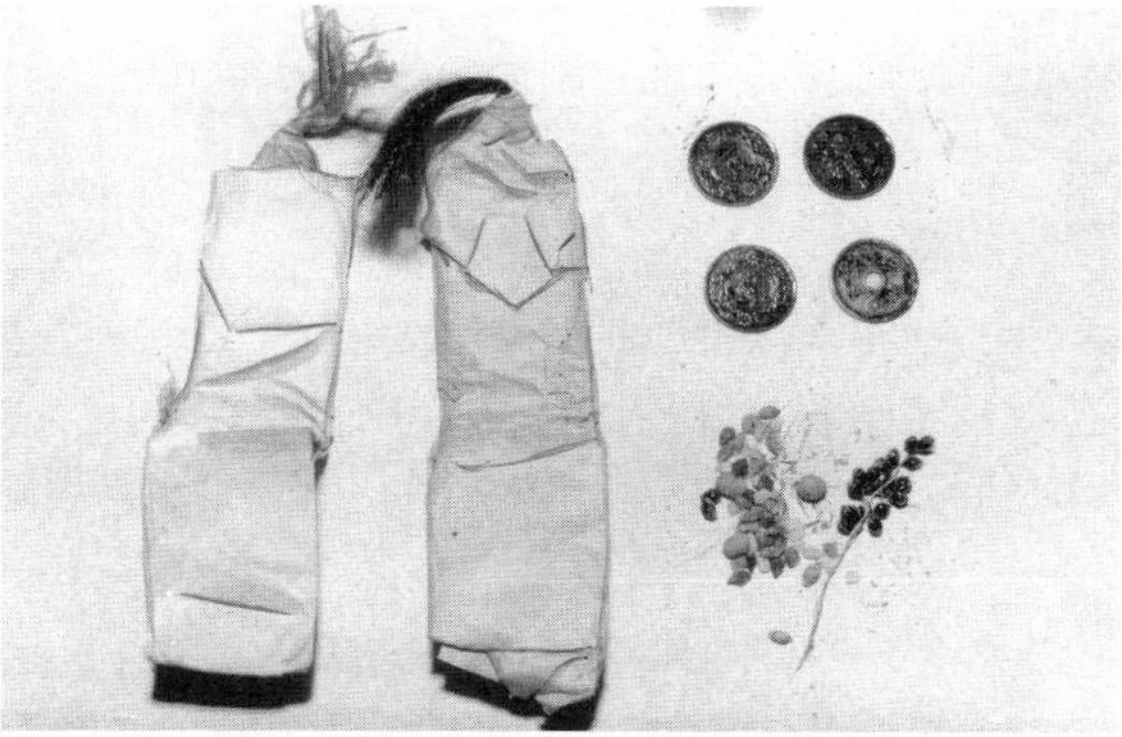

中尾さん宅に保存されている男女２体の船霊さあ。右は銭と五穀

海の民が信仰する神は二つある。一つは豊漁をもたらすことで知られるエビスさあ（恵比須様）、もう一つは「船《ふな》霊《だま》さあ」。船そのものの魂で、航海の守護神として漁師や船乗りたちの厚い信仰の対象になっている。

船霊さあは、船の帆柱を立てる部分のツツと呼ばれる竪《た》木《てき》に穴をくり抜いて封じ込め、上からフタをしている。新造船の船おろしに先立って行われるご神体作りや船の中に納めて祀り込める行為がきわめて秘儀的なので、あまり一般の人の目に触れることはない。儀礼はほとんど船大工の管轄下に置かれているのが特徴である。廃船の船霊さあを保存している笠沙町小浦の漁業中尾初男さん（六七）に船霊入魂の体験談を聞いた。

中尾さん宅に保存されている船霊さあは、昭和十四年に

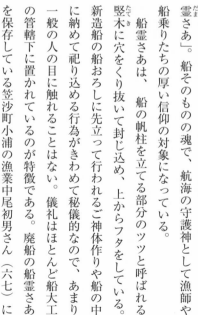

進水した第三大吉丸（十トン）のもの。ブリッジ前面窓下のナギイと呼ばれる箇所に埋め込んでいた。縦四・五センチ、横十八センチ、深さ二・五センチの四角の穴が彫り込んであり、ここに色紙製の男女二体のご神体と、コメや麦、ヒエなどの五穀、それに銭十三銭を埋め込んである。十三銭はこの年が「より年」だったということを示す。

船霊さあのご神体は、船主の身内の、まだ初潮を迎えない少女が作る。現存のご神体は、中尾さんの妹の中尾ミヤ子さん（五五）が作った。製作の時は、あらかじめ身を清めて部屋に閉じこもり、色紙で長さ八センチの十二単衣《ひとえ》姿の人形を折る。女神の髪は、自毛の束を長さ五センチに切って張り付け、男神は麻の髪。船霊を作る時は、だれも室内に入ってはならず、外から声をかけられても応答してはならない。特に男性が部屋に近づくことを忌みきらう。

進水の日。これを船大工が取りカジ（左舷）から船に乗せ、女の上に男がかぶさるようにご神体をナギイに埋め込み、銭や五穀とともに密封する。そして船大工自らご神酒やコンブ、塩、五穀を供え、唱え言を唱えながら、入魂の儀式を執り行う。儀式がすむと、供え物はおもカジ（右舷）からおろす。船に船霊さあを封じ込めるのは「船が単なる物体でなく、一つの生き物と考えるからだ」と中尾さんの説明。

このあと、異装の婦人たちが登場して船大工の名前を呼び「よか船を造ったか」と尋ねる。「造ったぞ」と返すと、踊りを舞い、進水を祝う。「船霊さあは女の神さあ」だといい、日ごろは女性の乗船をきらうが、進水の日は招待者とともに乗せる。そして船を激しくゆすり、船員たちが招待者を容赦なく海に投げ込む。中尾さんは「今後一切、海難がないよう、一つのまじない」と見る。船をゆするのは、船材に付いた山の神の霊を落とすためだろう。

49 赤飯考

鹿児島県全域

古代の赤米を再現か

合格祝い、入学式、祭り……鹿児島に限らず日本人は、めでたいとき赤飯を炊いて祝う。ハレの日になると、なぜ白米に小豆を混ぜ、ご飯をわざと赤く着色するのだろう。

昔から赤い色は、めでたい縁起のいい色だといわれる。古代日本人の色彩感覚は、アオ（青）は常世《とこよ》の色、つまり死者の世界の色。地先の小島、つまり大島や青島などオウ、アオのつく島は、かつて死者の埋葬地だったという説がある。一方、赤は燃える火の色、たぎる生命の色であり、太陽の象徴でもある。それが転じて、赤は幸せのくる色、魔除けの霊力がある色とみられた。

こうした先祖たちの色彩感覚から、ハレの日に好ましい赤い色のご飯をいただく意味が理解できる。だがそれだけの理由で赤飯を炊くのだろうか。その裏にいにしえの日本人の食習慣が隠されていて、ハレの日にそれを再現していると思う。

わが国では、古くから赤米《あかごめ》が広く栽培されていたことはよく知られている。現在も南種子町茎永の宝満神社をはじめ対馬の豆酘《つつ》、岡山県総社市の国司神社、奈良の談山神社などで神事用に赤米が栽培されている。

樋口清之国学院大名誉教授によると、安土桃山時代ごろまで日本人は赤飯を食べていた（『日本の風俗の謎』）。当時、朝鮮の使者が山陽道を通って上洛したが、この旅行記に「どこへ行っても赤い米ばかりだ」と、日本人を軽べつしたような記述がある。そのころ朝鮮ではすでに白い米（ジャパニカ）を食べていたのだろう。これら史実から、儀式やお祭りなどハレの日は、古い時代の食生活を再現して、白い米を小豆で赤く染めて食するのかもしれない。なぜなら、神職が今も平安時代以前の装束を着て神事を行うように、ハレの日の民俗は、古代の生活と習慣を演出するのが一般的なのだ。

太鼓の音、田植え歌にはやされて行われる宝満神社の赤米田植え

ところで宝満神社などで栽培している赤米は、ジャパニカに比べ、籾《もみ》が大きく、茎も長い。別名トボシ（乏し）というように、強靱《きょうじん》なコメだが、収穫量が少ない。ひところはジャパニカの変種というのが定説だったが、渡部忠世京都大教授（作物学）が「インドネシアで〝ブル〟と呼ばれているジャバニカだ」と発表、注目された。

日本の稲の種子は、縄文晩期に中国・江南から朝鮮半島経由で伝播《でんぱ》したというのが定説。柳田國男の南島伝い渡来説は考古学上、ほとんど無視されている。しかし、渡部教授は「ジャバニカは縄文晩期よりさらに古くさかのぼる時期に、西日本の島々や内陸の照葉樹林のあちこちで、焼き畑のような方法で栽培されていた」と推論する。渡部論が正しいとすれば、柳田のいう島伝いルートの「海上の道」は、再び見直されよう。

50 士踊り

南さつま市加世田　竹田神社

単純豪快な二才踊り

加世田市の竹田神社は、島津氏中興の祖・日新公《じっしん》を祀る。かつて日新公菩提寺の日新寺だったが、明治初年の廃仏毀釈《はいぶつきしゃく》で神社とした。日新公の子・貴久の命日といわれる旧暦六月二十三日（現在は新暦七月二十三日）が夏まつりで、士踊りや水車カラクリが見られる。

士踊りは、二才踊りと稚児踊りから構成されている。旧加世田郷の旧士族の男たちが踊り継いできた。士踊りは今も旧士族やその子孫しか踊りに加われない。民俗芸能の中で、踊り手に身分的制約が今も生きているのは珍しく、城下町・加世田らしい。稚児踊りの踊り子も、かつては士族の子弟に限定されていた。しかし踊り手が確保できないこともあって、数年前から加世田小児童の協力を仰いでいる。
士踊りを見てみよう。空色のかみしもに、帯刀姿六人が露払い。境内を拝殿正面に進む。片ヒジを突き、右手を地面に立てて深々と一礼。「殿の御前に伏す家臣」の映画のシーンそのままだ。そして三人ずつ左右に分かれる。間者（スパイ）の監視役だという。
その後に、赤い陣羽織姿の歌い上げ一人と付き添い一人が配列する。さらに同じ陣羽織に帯刀、白の向こうはち巻き姿の踊り連が二列に円陣を組む。

〽エーイ　エーイ　ワー　カーターケーノ……

（栄々若竹の……）

シコを踏むようなパフォーマンスを見せる「二才踊り」

朗々とした歌い。「ケー」のところは「ケェーッ！」と発声、びっくりするようなしり上がりの奇声だ。棒踊りの歌い上げのあと「ヒュー」の奇声に似ている。敵を屈伏させる呪法だろうか。
踊り連は六列縦隊に変わる。時折、刀を抜くしぐさや股《また》を開き、シコを踏む。両手を高くさし上げて万歳の格好をしたかと思うと、大地を踏みしめ、両足で踏んだりする。踊りというより、パフォーマンスだ。「間者の侵入を見極めるため」というが、棒踊りなど他の民俗芸能同様、地霊を鎮める呪術が基礎にあり、武運を願う気持ちが重なったパフォーマンスだろう。単純、豪快な踊りだ。

稚児踊りは、白かたびらの振りそでに、白布のオモテをつけた男児たちが、奏楽して境内を回る優雅な行列芸。先導の鉦《かね》、太鼓に合わせ、手にした直径三十センチほどの太鼓をドン、ドンたたく。その後ろに歌い上げの行列が続く。円陣の中では、弓矢を持ったヨロイ武者三人が、ノッシ、ノッシと威風堂々。「いろは歌とイヌマキの町」らしい威厳あふれる奉納踊りだ。

51 オギオンサアの嫁入り
南大隅町佐多島泊

ズブぬれの輿入れ

祇園祭りは、夏の盛りに、みこしや山車、鉾《ほこ》などの行列が街を練るのが特色。元来、疫霊を払うのが祭りの目的だったが、中世末から近世にかけて全国各地の商業都市に祇園信仰が広まったこともあって、今では都会的な商売繁盛を願う夏祭りの風情が強い。

佐多町島泊では旧暦六月十五日（ことしは新暦七月二十一日）、「オギオンサアの嫁入り」という一風変わった祭りが伝わっている。

ご神体は直径約十八センチの古鏡で、高さ約五十センチの厨子《ずし》に納められており、日ごろは当番

水を掛けられズブぬれのオギオンサアの嫁入り

宿に安置、祀られている。ご神体は年一回、この日に隣家へ宿移りする。この宿移りが、「オギオンサアの嫁入り」だ。島泊は現在百十戸なので、当番宿は百十年に一回、ご神体をわが家に迎える計算になる。

ことしは農業西方益造さん（六七）宅から林業平川長徳さん（六〇）宅へのお輿《こし》入れ。西方さん宅では昼間から親類縁者が集まり、手づくりの料理で、一年間生活を共にした神様とお別れの宴。夏の日が山陰に没した午後八時ごろ、西方さんの孫・上篭久志君（一六）に抱かれた神様は「平川さんに嫁にもらわれっくいやい」の声に送られ、平川さん宅に向かう。

路地に待ち構えた人々は「ヤンサー、ヤンサー」の掛け声とともに、神様めがけてバケツやホースで水をぶっかける。上篭君やお供の持つ灯明、供え物は水浸し。ぬれネズミの一行は、平川さん宅前で「もろっくんやい」と口上を述べ、神様はやっと平川さん宅の床の間に落ち着いた。

オギオンサアを預かった平川さん宅では、この一年間、キュウリを作ったり、食べてはいけない禁忌が課せられる。口伝によると、オギオンサアが田の草取りをしている時、稲の穂先で目を突いた。さらにキュウリ畑の支え竹でも同じ目を突いて、とうとう片目になった。この度重なるアクシデントで、神様はキュウリを見るのも食べるのもいやがる――と。

疫霊を払うはずの祇園神が、自ら疫霊に遭う点がユニークだ。『佐多町誌』には「豊作祈願と水神信仰が結びついた祭り」と書いている。厨子に水をかけるのは、他の祭りでみこしに水をぶっかけるのと同じで、農作物の生長に欠かせない雨乞いの類感呪術だろう。神様を預かった家がキュウリを食しないのは、水神の化身といわれるカッパの好物がキュウリだ、というのに関連がありそうだ。また奄美に幕末期まであった「水掛婚」にも相通じるようだ。

日本の民俗信仰は、原初的な神観念を、自分たちの風土や生活習慣に自然にうまく習合させ、新たな信仰形態を生み出すケースが多い。本来、町の民俗の祇園信仰を、農民の水神信仰にうまく取り込んだ島泊の人たちの知恵は、心憎いばかりだ。

52 観世音丸

南大隅町佐多竹之浦

山から船の安全守る

竹之浦（八十五戸）は、太平洋沿いの半農半漁の集落。壇ノ浦合戦に敗れた平家残党の伝説があり、巨岩奇岩が連なる。伊座敷からの道路が開通したのは昭和三十九年。それまでは、いわゆる陸

港に向かって航海の安全を見守る「観世音丸」

の孤島で、他集落との交通手段は舟か、海岸近くの岩壁をつたい、岩と岩に横たえた丸太を渡って行く〝魔のつたい道〟しかなかった。旧暦二月十八日の御崎神社のご神幸も竹之浦に舟で渡ったと語り継がれている。

竹之浦の西海岸近くにウッドン（氏神様）山が突き出ている。照葉樹林がこんもり茂る小高い丘。海に開けた山腹に、船の守護神「観世音丸」という船の模型が安置されている。

成尾末雄さん（六五）宅の庭を横切って登る山道の中腹に港を見下ろす平たんな空間がある。ここに長さ二メートルほどの漁船の模型が二隻。いずれもへさきを海に向けている。左手前の船は朽ち果てている。昭和三十七年三月に建造したもので「第五観世音丸」の文字が見える。右側の船はプラスチック製の真新しい漁船の模型で、昨年三月に作りかえた。マストには十数枚の大漁旗がつるしてあり、中央に枯れたサカキをさした花立てを置き、四方に五つのイカリがついている。

竹之浦沖は太平洋の荒波が直接押し寄せる海の難所。漁業川内辰己さん（六〇）によると、台風時などたびたび沖合で遭難船がでた。それは村の西側にあった鬼丸神社の神さあのたたりだ、として、社を移す一方、ここに観世音丸を置いて観世音像を祀《まつ》り、航海の安全を守った。台風時になると、船主らがこの観世音丸のイカリを下ろせば、「不思議と持ち船が難破することはない」と信じられている。

旧暦六月十六日は、村の代表と青年らが、海水をくんで山に登り、船を清掃して花とお酒を供えた。現在は旧暦三月十六日の鬼丸神社の春祭りと一緒にまいっている。

船の神、航海安全の神といえば、本土の「船霊さあ」や奄美・沖縄の「ウナリ（姉妹）神信仰」を思い出す。観世音様が船の守護神という信仰は聞いたことがない。どうしてこんな信仰が生まれたのだろう。

数ある仏の中で、釈迦如来についで人々に親しまれているのが観世音菩薩だ。しかも、如来や仏がすでに悟りきった仏であるのに対し、悟りを求めて努力している現在進行形的な存在が菩薩だ。観世音菩薩は、人間のすべての望みを叶える如意宝珠を持って悩み苦しむ人間に接する、いわば現世利益をもたらす、と信じられている。竹之浦の鬼丸神社は馬頭観音だという。この観音信仰が牛馬の神だけでなく、船の守護神の役目まで負わされたのだろうか。

53

子産んぼ

日置市吹上町入来

子産む安産、子授け石

吹上町入来の町道わきに木に牛が寝そべったような舟形石（長さ約二メートル、高さ約七十センチ）がある。この大石の前に小さな丸石がるいるいとあり、石の間に数本のご弊が立てられ浜砂の入った貝殻がたくさん供えてある。

この石は、近くに住む石塚家の氏神。しかし、住民は「子産んぼ」と呼び、子授け、安産の神様として、女性の参拝がたえない。

女性たちは、ここで願をかけて小石を一個いただく。これを神棚などに供えて拝む。無事安産すると、川や海辺で小石を一個拾い、預かった石とともに元の所に返し、願ほどきをする。

女の石の信仰でいえば、隼人町の鹿児島神宮横の石体神社が知られている。戌《いぬ》の日はお

子産んぼ石の前には、産んだといわれる丸い小石が多い

はらいをしてもらう女性でにぎわう。そして、帰りには必ず境内の石塚から小石を一個借りてくる。願がかなうと、二個にして神社に返す。

それで、子授け石や安産石は、「大晦日の晩に、毎年一個ずつ小石を産む」という言い伝えを伴う。吹上の「子産んぼ」にも同じ口伝があるが、『三国名勝図会』には、日吉町日置の刀立《つるぎたて》大明神の石小塚を「元日に産む石は、初めは米粒大の軟らかい石だが、年々硬く大きく成長する」と紹介している。この付近の氏神や路傍のお地蔵さんの前などは、いまも石ころだらけだ。「石が子を産む」ことを信じて疑わない人にも会ったことがある。

『記紀』や『筑前国風土記』などに、身重の神功皇后が新羅出兵し、鎮懐石によって御腹をお鎮め、帰国後に応神天皇をお産みになったという鎮懐石伝説もある。神功皇后の実在には疑問があるが、お産と石の霊力の関連性を暗示する説話ではある。

産育をめぐる石の儀礼は、出産後にもある。お七夜やお食い初め等の膳《ぜん》に供える小石である。さらに、産育とは正反対の葬送の時にも「石枕」のような石の儀礼がみられる。

生や死の儀礼の際、石が重要な役目を果たすのは、石に悪霊を鎮める霊力があると思われたためだろう。

生と死の儀礼の石が、ともに浜や川辺の石だ、というのが重要にみえる。浜や川は、私たちの先祖の意識の中で、この世とあの世の境である。誕生はあの世からこの世へ、死はその逆だが、その境界域は、生死がともに共有する空間で、非常に不安定な世界。特に出産という生死を分けかねない場と時間には、石の霊力は欠かせなかったのだろう。

風起こす古来の呪術

54 ウソ吹き

日置市吹上町入来

吹上伊作の旧南薩線伊作駅の西は、広々と田んぼがあり、中央部にエノキの古木が見える。その根元に、「ウソ吹きの聖地」の碑が立っている。碑には、ツタカズラがからみ、いかにも古めかしい風情だ。ここが神話の山幸彦がワダツミノ神から授かった潮満つ玉、潮ふる玉をかざして、「ウソ」を吹いて兄海幸彦をこらしめたところだ、と言われている。

「ウソ」というのは「嘘《うそ》」の意味ではない。スズメに似た青灰色の小鳥の鷽《うそ》でもない。これは「嘯《うそぶ》き」のことで、人が口笛を吹くように唇をすぼめ、息を大きく吹き出す発声のことだ。古代から「ウソ」には、風を起こす呪力があると信じられている。海幸彦も、山幸彦の「ウソ」の呪力によって発生した風に悩まされた、と記紀は伝えている。

この「ウソ」の呪術は、いまも生活の中で生きている。鹿児島に伝わることわざに「夜には、口笛を吹くな」という禁忌がある。また漁師は海に出たら、いまも絶対に口笛は吹かない。いずれにしても、「ウソ」と同じ発声の口笛が、風を呼び、夜風を起こし、海の荒天をもたらす、と信じられているのだ。

　農家では、モミや麦を入れた箕《み》やバラを上下に揺すって、モミ殻を落とす時「ヒュー、ヒュー」と口笛ようの「ウソ」を吹いた。これも呪術で風を起こし、殻と実を振り分けられる、と信じられたためだろう。こんな光景は、いまも地方に行くと時たま見かけられる。

　一方、吹上浜一帯の漁村部では、この「ウソ」を遠くにいる人への意思伝達手段としてつい十数年前まで行っていた。吹上浜は、地引網漁が盛んだ。網に漁が沸き、魚見役が船から陸にいる網の引き手に入網を知らせる際、「ウソ」を吹いた。

海幸彦・山幸彦の神話の舞台といわれる「ウソ吹きの聖地」

　民俗調査をしている米原正晃さん（指宿市丹波小教諭）によると、この「ウソ」は、集落によって微妙な違いが見られる。日吉町吉利や大浦町越路など一般的には「ホーイ、ホーイ」や「ホー、ホー、ホ」と発する。北の市来町江口や東市来町神之川では「ヤァモ、ヤァー」と叫ぶ。また、吹上町小野浜では、「ホ、ホ、ホッケー」という。
　この発吠《はっはい》（遠吠え）を確認すると、網の引き子たちは「網がおらっどぉ」とか「イオ（魚）

がおらっどぉ」といって、みなぞろぞろ浜に下りて網引き作業を始めたものだ、という。海上では「風を呼ぶ」と、あれほど忌み嫌った「ウソ」なのに、波打ち際では、これを意思伝達手段として積極的に活用しているのが面白い。地引き網時の発吠はもともと、「ウソ」と意識されていなかったのだろうか。あるいは、かつては、その意識があったものの、時代とともに、その禁忌の心が薄れたのかもしれない。

55 お精霊迎え

鹿児島県内全域

無縁仏も水棚で供養

日本人にとってお盆は、正月と並ぶ二大年中行事。仏教の説話でお盆の由来を説くのが一般的だ。わが国には、一年を二期に分け、その折り目（正月とお盆）に祖先の霊を慰める固有の祖霊祭りが古代からあった。その習俗と仏教説話が習合したのが、現代の盆行事といわれる。

鹿児島では祖霊のことを「オショロサア（お精霊様）」という。いま鹿児島のお盆は月遅れの八月十三～十五日。かつては旧暦七月の同日。お精霊様は同一日または七日にあの世を旅立ち、盆の十三日の夕方、墓地を経てなつかしい家に到着される――の伝承が一般的だ。南種子町広田では「一日に旅立たれる」＝坂口彦次さん（七〇）。この日から毎夜、精霊招き石に赤い旗を立て当番でお経を唱えて、お精霊様のつつがない旅を祈った。この風習は戦後すたれた。

お精霊様は十三日夕、墓に到着するので、人々は同時刻に墓参りし、松のツガを燃やして迎え火をたく。根占町川原では「お精霊様は長い旅で汗をかかれる」といって、墓に真新しいタオルを下げておく風習が今も見られる。

縁先に水棚を作り、無縁仏を供養する崎田さん

墓で肉親と再会したお精霊様は、ちょうちんの灯に伴われて家に向かう。家の戸口でも迎え火をたく。表間のクツぬぎ石に水桶を置く家もあり、お精霊様が旅で汚れた足を洗うためだという。
お精霊様を仏壇に直接迎える家庭が多くなった。古いしきたりを守る家では、屏風を立て、そこに先祖の位牌を下ろして並べ、盆花とともに盆の食べ物を供える。
食べ物の主役は盆団子。奄美地方では三角形の鼻つみ団子、種子島は粽《まき》を作る。粽は「精霊送り」にも墓に供える。精霊たちの帰りのツエにするのだという。長島ではカシワンダンゴを十四日に作り、精霊棚に供えたり、軒下につるしたりする。カユやカイノコ汁、そうめんも盆には欠かせない。いずれも精進料理。仏教の影響が薄い奄美では、魚などのなま物を供えたりする。

お盆には、帰るアテのある精霊だけではなく、身寄りのない無縁仏も現世にやってくる。だれかに慰められたい、と家の周りをうろつく、と信じられている。そんな霊が家の内に入ってきては困る。南隅地方や種子島では、縁側や庭先に別の精霊棚を作り、無縁仏をもてなす風習が残っている。

南種子町広田では、いまは縁側に、盆に盛った粽やご飯、煮しめ、お茶を供える程度。崎田健二郎さん（四六）宅では、縁先にマダケで脚長の水棚を作り、周りをソテツの葉で囲って供え物をし、この外精霊様《そとじょろ》を縁側から拝んでいた。

56 ご八日踊り 長島町城川内

奉納芸で御霊鎮める

肥薩の境に位置する長島は、古代から薩摩、肥後双方の文化が流入、融合して豊かで独自の民俗文化をはぐくんできた。特に民俗芸能は多彩で「郷土芸能の島」といってもいい。

八月八日（かつては旧暦七月八日）の「ご八日踊り」は長島でもっともにぎやかな祭りで、島内の各集落で各種の郷土芸能が若宮神社や十五社神社に奉納され、島は祭り一色となる。長島町城川内の堂崎城跡前には、多くの集落が踊りの奉納にやってくるので、居ながらにして数々の郷土芸能を観賞できる。堂崎城は南北朝時代の島主・長島氏の居城で、海に突き出た半島状の天然の要さい。天草・牛深市の久玉城とは海を隔てて向き合っている。

奉納踊りは、地元城川内の青年団と高校生の「兵六踊り」で始まった。鹿児島に伝わる「大石兵六夢物語」を素材にした農民劇。娘や坊主などに化け、手こずらせる吉野（鹿児島市）の古ギツネを退治する兵六の武勇がユーモラスに演じられ、観客の笑いを誘う。高尾野町の「兵六踊り」のへコ帯姿のバンカラさはないが、一味違う野趣があって見ごたえがある。

スローテンポで歌舞伎の“ミエ”を切るような唐隈の棒踊り

ついで、蔵之元の「鉦踊り」。鉦九人、太鼓十六人（うち大太鼓二人）だが、太鼓は鉦の後ろに控えたり、円陣の中に囲うなどいつも鉦陣を守護しているかに見える。ご幣飾り付きの笠をかぶり、鉦、太鼓をたたき、リズムをとるさまは、この後演じられた「種子島踊り」同様、中世の念仏踊りをほうふつとさせる。

唐隈の「棒踊り」も本土のそれとは趣を異にしている。本土のそれは、棒を激しくたたき合い、律動感があふれる。一方、長島の棒踊りは、ほとんど棒はたたき合わず、テンポもゆったりしている。そればかりか、棒を構えて時折「ミエ」を切ったりして、歌舞伎の風情すら漂う。かつては「ご八日踊り」には、「狂言」が付きもので、天草の牛深あたりの師匠に習った、という。また、大名行列を模した「行列踊り」の衣装は、かつては牛深から借りてくるものだったらしい。天草は昔から村芝居の盛んな土地柄。天草と経済、文化の交流が深い長島なので、郷土芸能も天草文化の影響を色濃く受けてきたのだろう。

「ご八日踊り」は、堂崎城を攻め落とした(永禄八年＝一五六五年)島津忠兼の命日に、その霊を慰めるために踊るのだ、という。

57

火振り

日置市東市来町北山

荒々しく精霊送る火

東市来町養母字北山では、十五日の夜、「火振り」というお盆の送り火をする。

北山(七十三戸)は樋脇町市比野に通じる県道沿いの純農村。集落の南側の小さな丘に、集落の墓地があり、火振りはここで行う。かつてたくさんの墓石で埋まっていたが、今は一角に立派な霊安堂が建ち、その前は芝生を敷き詰め、小さな墓地公園といった趣だ。

夕暮れになると、人々が次々墓参に来る。男たちは、先端に松のツガ束を結わえた長さ十メートルもあるモウソウ竹を携え、芝を張った庭にこの竹を立てる穴を掘る。

西の空が薄墨色に変わるころ、男たちは次々とツガに点火し、穴に竹を立て、二人一組で竹を左右に激しく振る。数十本のタイマツは大きな弧を描き、夜空のキャンバスに幾重もの半円の炎の幾何学模様を描く。

精霊の送り火だという。川面に揺れる精霊舟の灯りのしっとりとした情緒はない。竹の弾力を利用して男衆が激しく揺するので、その遠心力で火の粉が飛び散る。勢い余って、火のついたツガごと周りに落下する。そのたびに見物人からキャーキャー悲鳴がわく。豪放な火の祭典だ。北山巧公民館長（五八）によると、昭和の初めに「火振り」を一度中止したことがある。ところが、この年集落で火災と流行病が発生したので、翌年からまた復活させた。

弧を描くタイマツ、飛び散る火の粉——豪放な「火振り」

火振りが最高潮になったころ、広場中央にしつらえた火ヤグラにも点火した。長さ十メートルほどのモウソウ竹四本を組み、中に杉の葉をぎっしりつめたもの。竹の先端の枝には、丸い小さなダゴがいっぱい。一本の竹の先は弓矢が張ってある。北山さんは、「昔、隣の梅木集落と戦って負けたので、その怨念《おんねん》を込めて弓は梅木に向けている」と語る。

この火ヤグラの火は無縁仏を送るためだという。作りが水棚に似ている。火勢が強まりかけたころ、二人の若者がヤグラに駆け登り、ダゴのついた竹枝を折る。「ダゴを家畜に食べさせると病気をしない」。正月の鬼火と共通した民間信仰。

火は神を招き、送るものであるという。お盆の送り火は祖霊と別れを告げる火。祖霊なら静かに、惜しむように送りそうなものだが、北山の火振りは荒々しい。元は別れを惜しむ気持ちが強かったが、時代とともにスポーツ・娯楽化したのかもしれない。

だが、仏教伝来以前から日本人は、冬と夏年二回、祖霊が現世にやってくると信じていた。祖霊といえども霊に変わりない。いとおしい半面、怖い存在でもある。怖いものは丁重にもてなして早く退散願いたい。しかも霊は穢《けが》らわしい。穢らわしいものは、火の清浄力で払う必要がある。荒々しい火振りに、こうした古人の深層心理は見てとれないだろうか。

58 盆のツクイモン
いちき串木野市市来町島内

動物供養の残影説も

子供たちが竹とカズラでトラのツクイモン（作り物＝張り子）を作り、お盆の十四、十五日の夜、これを被って集落の墓地や路地に出没する盆行事が、市来町大里の島内集落で伝承されている。

トラのツクイモンは長さ約四メートル、高さ約一・五メートルで、大里の「七夕踊り」に登場するトラのミニチュア版。

「トラが来っどお―」と叫びながらツクイモンのお通り

十三日に北園浩仁君（市来中一年）ら小学一年から中学二年までの十数人の男の子たちが手作りした。七夕踊りのトラ同様、胴と首が離れており、首が自由に動く立派な作りだ。

十四、十五日の午後七時、子供たちはこのツクイモンを被り、「トラが来っどお、トラをとっても油断するなあ」と叫びながら、路地を巡り、集落東側の小高い丘の墓地に向かう。墓には墓参や精霊送りにやってきた人たちがたくさんいる。ツクイモンは叫びながら墓の間をあばれ回る。女の子たちがいると、追っかけたりもする。そして墓地で団子をもらって食べ、花火遊びなどをして退散した。

お盆のトラのツクイモンはことし、島内のほか同町木場迫でも出現した。同町池之原ではウシが登場した。民俗学研究家の小野重朗さんによると、お盆に出没するツクイモンの習俗は、市来町から東市来町にかけて分布していた。

東市来町養母字田代では戦前まで、子供たちの牛の張り子二頭が墓地で行動した。お盆の墓地に、なぜトラや牛のツクイモンが出現するのだろう。地元の人たちは「七夕踊りに青年たちがツクイモンを出すので、それをまねたのでは……」という。そんなこともあったろうが、それがわざわざお盆の夜、墓地に出現することに、地元民も首をかしげるしかない。

この疑問に小野さんは、市来町の七夕踊りに出現する同種のツクイモンと関連づけて、「動物の精霊供養説」(『かごしま民俗散歩』)を説いている。

七夕踊りは現在、巨大なツクイモンの出現が有名だが、もともと、大里水田を開いた地頭・床濤《とこなみ》到住《とうじゅう》の業績をしのび、太鼓踊りを奉納してその霊を慰めるもの。ところが、供養したい到住の霊だけでなく、先祖の精霊や死んだ飼い牛や食用に狩りとったシカなどの精霊も慰められようと踊りの場にやってくる。これら精霊の姿を青年たちがツクイモンで具現した。その後、島津義弘の朝鮮出兵にちなんで、トラ退治までやり始めた――という。

池之原のようにお盆の夜、ウシの精霊が墓地に現れるのは、古来、重要な意味があるといわれてきた。小野さんは、「農家にとって重要な牛であり、この地方一帯に、盆には牛の精霊をも迎えて供養する行事があった。それが七夕踊りの牛のツクイモンになり、一方は墓地の子供の遊び場になった」(同書)とみている。

59

盆ガマ

薩摩川内市田海町

招かざる霊もてなす

川石をケルン状に積み、柿の葉皿に盛った赤飯を供える子供たち

お盆の十四、十五日、子供たちが野外に竃《かまど》を築いて煮炊きをし、共食する行事を「盆ガマ」という。かつて鹿児島市近郊では、盆に行う庭竃を「ヒグラサア」といい、日置郡一帯では「ヒゴラ」といった（『日本年中行事辞典』）。ヒグラやヒゴラは鍋墨のことで、七、八歳から十四、五歳までの女の子たちが、家の表口などでカボチャやカライモを煮て食べた。もうこんな光景はほとんど見かけなくなった。しかし知覧町や川内川沿い、大隅の有明町あたりでは、子供会行事として今も行っている。

川内市田海町別府原では十六日、近くの田海川河原で親子六十人が参加して行った。河原には大小六つの竃が用意され、お母さんたちが赤飯を炊き、トイモガラ入りの煮しめを作る。お父さんたちは捕ったばかりのアユやエビを焼く。香ばしいにおいが川面を包み、野趣たっぷりだ。

料理が出来上がると、坂元哲哉君（下東郷中三年）らが河原端に川石をケルン状に積み、その上に柿の葉に包んだ赤飯を供えた。「川の神さあにあげる」のだという。盆飯を柿の葉の皿に盛るのは全国的に見られる習俗。子供たちも柿の葉の赤飯や竹の器の煮しめなどに舌鼓を打ち、親子で楽しい野外食を楽しんだ。

お盆にわざわざ野外で共食するのはなぜだろうか。公民館長の串木秀利さん（五〇）は「精進落としだろう」と見る。

盆ガマを河原で行う例が圧倒的に多いことに注目したい。仏教に「三途の河原」の観念があるように、河原や海岸のなぎさは、現世と来世の境界域で、川の向こうは異郷だという考え方がある。祖霊たちは、川やなぎさを渡って現世にやってくる訳で、「盆ガマの本来の意味は、餓鬼との食い別れの式を演じることであったろう」（同書）という見方も出てくる。

だとすると、坂元君らが積み石に赤飯を供えたのは、川の神＝水神のためではなく、お盆にやってきたタマ（霊）にささげたことになる。このタマは家には入れない無縁仏など「招かざる霊」で、ケルン状の石積みは、戸外に作る外精霊棚と同じ目的の祭壇なのだろう。

柳田國男は「盆は目に見えぬ外精霊や無縁仏が、数限りなくうろつく時である故に、これに供養をして悦ばせて帰す必要があったと共に、家々の常の火、常の竈を用ゐて、その食物をこしらへたくなかった。それが門・辻・川原等に、別に臨時の台所を特設した理由」（『こども風土記』）と、お盆の別火の意味を述べている。盆ガマが子供の行事になっているのは「触穢《しょくえ》（〝けがれ〟に触れること）の忌に対して（子供は）成人程に敏感でないと考へられて、特に接待掛りの任に当ったものと思はれる」（同）と書いてある。

静岡あたりでは、仏供養よりも「成女式」と意識している所もある。なお、盆ガマはままごとの起源だともいう。

60 想夫恋

薩摩川内市久見崎

哀調切々鎮魂の踊り

川内川河口左岸の川内市久見崎は、島津藩の造船所もあった藩制時代の軍港。今は松林の中に建つ九電の川内原子力発電所で知られている。原発に隣接した松林の中に「慶長出兵の碑」が建つ。以前は中州にあったが、河口港建設のため、昭和七年現在地に移設した。お盆の十六日、この碑の前で盆踊り「想夫恋」が踊られた。

踊り手は黒いお高祖頭巾《こそ》に男物の黒紋付き、腰に脇差し姿の婦人九人。それに三味・太鼓がつく。踊り連は輪を描き、ゆっくりしたテンポで手を合わせて祈るしぐさや、何かを招き寄せる風情の手ぶりを繰り返す。歌は、

お高祖頭巾に脇差し姿の婦人たちがゆったりと踊る想夫恋

〽切って供えた　みどりの髪は
　今日の逢瀬を　待てばこそ

七七七五調の小歌で哀調切々と歌い、踊る。

〽二十三夜の　月の出を待つは
　ひとちゃお船と　君のため

恋しい夫や息子の航海安全を願う「二十三夜待ち」信仰を偲ばす歌詞もある。

「想夫恋」は、秀吉の朝鮮出兵に出陣、戦病死した家族の御霊を供養するため踊るのだという。

島津義弘率いる一万余りの将兵は慶長二（一五九七）年、久見崎港から出陣した、翌三年、秀吉の死で全軍引き揚げた。沖に「丸に十の字」の軍旗が見えると、肉親の無事を信じて多くの留守家族が浜に下りた。だが再会を果たせなかった家族も多かった（『川内市文化財要覧』）。

踊りは、明治初めの廃藩置県で久見崎船手が廃止されて廃れた。大正十五年、鹿児島高等農林学校長であった玉利喜造さんが、川添世伊（当時八六歳）ら老女たちの記憶を頼りに復活させた（同要覧）。「今は亡き御霊よ、安らかに眠りたまえ」と鎮魂の情が滲み出る踊り――「想夫恋」という名称もぴったりだ。あまりにぴったりすぎはしないか。「想夫恋」はもともと、「久見崎の盆踊り」程度に呼ばれていたが、近世に踊りを見た学識ある人が、義弘軍出陣の史実を重ね合わせて「想夫恋」と命名したとしか思えない。

一般に盆踊りは「鎮魂の踊り」と意識されている。だが、原初的には「祖先の霊を送り、あわせて〝招かざる客〟としての無縁仏を村から追い出すためのもの」（牧田茂著『神と祭りと日本人』）だろう。盆踊りといえば、ヤグラを囲んで踊る「輪踊り」を連想するが、古い形は集落内を群行し、お盆にやってきた「招かざる客」としての霊を踊りの輪の中に巻き込んで、集落から送り出す呪術の一つだったという。送り出さないと、たたると恐れたのだ。「想夫恋」もかつてはこれと同じ発想で踊られたのではなかろうか。

61

ヨッカブイ

南さつま市金峰町高橋　玉手神社

河童の霊力を授かる

イヤがる子供を無理やりカマスに入れるオーガラッパ

金峰町高橋の玉手神社は裏の高橋貝塚で知られている。縄文晩期から弥生前期の遺跡だが、南海産ゴボウラ貝の半加工製品が出土、この地が早くから開けた海洋民の里であったことを物語っている。旧暦六月十八日（今は新暦八月二十二日）の「水神祭り」は異装のガラッパ（河童）が出現し、「ヨッカブイ」と呼ばれる。

神事が始まる一時間前から集落のあちこちで、カンカンカンカンと鉦の音やヒョー、ヒョーと奇声が聞こえてくる。鉦の音に誘われて道を急ぐと、辻からこの世のものとも思えぬ姿の集団が、飛び出したりする。

異装集団が、高校生扮するオーガラッパ（大河童）。綿を抜いた夜具を着流し、荒縄帯を結わえてシュロの皮を頭からすっぽりかぶった、のっぺらぼうの恐ろしい形相。この集団が、娘さんに出会うと、どこまでも笹を振りながら追っかけてくる。昔は油混じりのヘグロを塗りつけるものだったという。この水神祭りはかつて「十八度踊り」といっていたが、今では祭りの主役にちなんだ「ヨッカブイ（夜具かぶり）」の方が通りがよい。

この間、桜木義信君（一〇）＝田布施小五年＝ら五色のふんどし姿の「コガラッパ」（小学五〜中学一年生）十五人は、神社参道に陣取り、二人一組でオーガラッパを迎えに行く。七度半も使いを出し、ようやくオーガラッパ連が境内に姿を現す。来訪神（水神）としてのオーガラッパ連が司祭集団であることを物語る。司祭者を七度半迎えに行く風習は、全国的に見られる。

コガラッパたちは境内中央の土俵に上がり、しりを外に向けて円陣を作る。行司役の徳留浩一君（一三）＝金峰中二年＝が口上を述べ、「カンモン」と呼ぶ相撲を取る。相撲といっても二人が背中合わせになり、トンボ返りを繰り返す奇妙なもの。その後、取り組みが始まる。

オーガラッパ連は見物の子供たちを無理やりカマスに入れ、土俵上に投げ込むので、境内は子供たちの泣き声と爆笑が続く。こうしてもらうと、カワドリ（水難）にあわないと信じられ、イヤがるわが子を喜んで差し出す親もいる。水難除けの祈願祭であるゆえんだ。ヨッカブイをしないと、火事になるといい、水と火の関連を暗示する。

数多い県内の水神祭りの中でも、ガラッパの姿態を演じるのは珍しい。オーガラッパや人々の行状から、この祭りが、河童の霊力の類似感染と水神を慰める両方の目的を持っていることがわかる。

62 ブッアガイ

垂水市柊原

海難者らの霊鎮める

浜辺に線香を立て、海で死んだ霊を慰める老女

旧暦七月二十七日（今は新暦八月二十七日）、垂水市の錦江湾岸の柊原《くぬぎばる》、新城一帯に二度目の盆行事がある。「ブッアガイ＝仏事上がり」という。

同日夕、柊原の軽砂《かるさ》海岸に下りた。対岸の街灯りがチラつくころ、線香など持った老女たちが、三々五々と浜にやってくる。海にそうめんを投げ入れ、浜砂を塚状に盛ってその上に何本も線香を立て、海に向かって手を合わせる。池田セツさん（九〇）と前田ワイさん（八六）姉妹は、共に南方で息子を戦死させた。「いい子だった。こうして年一回、息子の霊を慰めるのが私の生きがい」と、親孝行だった息子の思い出話は尽きない。

老姉妹は、お盆にも愛息の霊を迎え、供養した。さらに、この日は「海で遭難した人や戦死した人の霊を鎮めて送る」

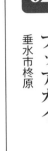

のだという。終戦直後は、ブッアガイをする家庭が多く、場所取りに苦労したというが、今では長い海岸に人影はまばらだ。かつては線香だけでなく、松のツガをたいて〝送り火〟にした。この地方にはかつて海上浄土の考え方があり、お盆には精霊を海辺で迎え、送る習俗があったのだろうか。軽砂では、「盆に送った精霊は、七日かかって浄土に着く」と信じられている。すると、ブッアガイは、すでに浄土に帰る途中の精霊をまた送ることになる。

こんな二度手間をなぜするのだろう。地区民は「ブッアガイに送る霊は、海で死んだ人の精霊」と、お盆に招く霊とはっきり区別している。民俗学研究家の小野重朗さんの報告（『奄美民俗文化の研究』等）によると、こうした人の霊は、まだ清まり方が十分でない。なかにはまつる人もいない無縁仏も交じっているだろう。こんな恐ろしい霊は家に近づけたくないので、海辺で供養するのだろう。同市の海潟字小浜などでは、わざわざ「一川越えた海辺」でまつるほどだ。

市来町の「盆のツクイモン」で紹介したように、お盆には牛など動物の精霊まで慰められようと現世をさまよう。この日の取材では聞き出せなかったが、小野さんの報告によると「ブッアガイがすんだ後の海からウンムシ（海牛）という〝牛の妖怪〟が出る」という。ウンムシは角の生えた大きな黒い牛の姿をし、海から上がって恐ろしい声でほえ回るものだと信じられていた。だからブッアガイ後、子供たちは海で泳いだり、夕方遅くまで海辺で遊ばなかった。

盆の月の終わりに出現する奄美の八角八足の怪牛「ナマトンカナシ」のことが、薩摩藩の上級武士の名越左源太《なごやさげんた》の『南島雑話』に紹介されている。海上浄土といい、怪牛といい、かつて両地方の人々の深層心理は、黒潮を隔てて、その基層を共有していたのかもしれない。

63 伊作太鼓踊り
日置市吹上町入来

神々を慰め豊作願う

新暦八月は太鼓踊りの季節。二十八日は、県内各地の諏訪神社、南方神社で奉納され、太鼓と鉦の音が夏の終わりを告げた。吹上町伊作の南方神社に奉納される「伊作太鼓踊り」は大きな軍配形の唐団扇の矢旗が揺れ、数ある県内の太鼓踊りの中で異彩を放つ郷土芸能だ。

かつては各集落が太鼓踊りを奉納していたが、現在伝承されているのは入来、湯之元、和田の三集落のみで、毎年交代で踊る。ことしは入来が当番。祭礼日の四日前、踊り子たちは近くの入来浜に下りる。満潮時を見計らって、潮を浴び、身の罪やけがれをはらい清める。清浄な体になると、踊り衣装をつけ、潮の満ちくるなぎさでひと踊りする。

伊作の南方神社は集落東端の台地にある。踊り連は長い坂の参道を進み、一の鳥居前で隊列を整える。平太鼓打ちは白装束に黒脚半、白はち巻き姿。胸に直径五十センチほどの太鼓をつけ、高い矢旗を背負っている。この矢旗に特徴がある。高さは二メートルほどで、籠編《かごあ》みした軍配形の唐団扇。団扇の周りは白い紙片でふち取りしている。この唐団扇の左右に木刀を差し、その下は鶏のホロが付いている。平太鼓は二十人。

中打ちといわれる小太鼓、鉦打ちは女装した小、中学生四人。歌い手は平服のままで、鉦、小太鼓に寄りそう。平太鼓連は二列縦隊になり、小太鼓・鉦を中にはさみ、守るように進む。

境内中央に小太鼓・鉦・歌い手が陣取り、これを囲むように平太鼓が円陣を組む。チンチン、ドンドンと鉦・小太鼓が鳴り出すと、「一ツ太鼓」「高橋殿」「新屋敷《あらやしき》」……と踊り進む。平太鼓は「ヤーヤーヤー」とか「ズンズン、タコチン」などと掛け声をかけながら足を交互に上げ、ズン、ズン、ズンと跳ぶ。時折腰をくねらせる。そのたび頭上の唐団扇が弧を描いて大きく揺れる。木立で薄暗い空間に、唐団扇の白いふち取りが幾何学模様を浮かび上がらせ、踊りは最高潮に達する。

美しい唐団扇をふり、神々を慰める伊作太鼓踊り

太鼓踊りの起源は一般に、「島津義弘の朝鮮の役出陣、凱旋《がいせん》を祝って士気鼓舞するため」といわれる。だが太鼓踊り系芸能は全国的にあり、義弘の奨励が全国に及んだとは考えられない。
太鼓踊りは、諏訪神社系の祭礼時だけでなく、水神祭、切り開け殿など地域の開拓者の慰霊祭にも踊る。雨乞いや虫送りのため、と意識されている所もある。こうした事例を総合すると、踊ることで水神や祖霊を慰め、その威力でさまざまの悪霊をはらい、五穀の実りを願う心性が太鼓踊りに隠されているといえよう。

64 棒踊り考——土突き豊作の力生む

鹿児島県内全域

棒踊りは鹿児島県各地に色濃く分布、今も盛んに踊られている。太鼓踊りとともに、鹿児島の代表的風流系民俗芸能だ。

青年たちが浴衣やカスリの着物にタスキがけ、白はち巻き姿で三尺棒や六尺棒を持ち、歌に合わせて棒を激しく打ち合って踊る。歌詞は「おせろが山で、前は大川」とか「山太郎ガネ（カニ）は川の瀬にすむ」など素朴。棒踊りの古さを漂わせている。

棒術にも似た勇壮な動きがあってか、郷土史などに「島津藩主が農民の士気を鼓舞するために棒術を踊りに仕組んで踊らせた」とか「薩摩独特の示現流の剣法を舞踏化した」など島津氏起源説ないし奨励説をよく見かける。果たしてそうだろうか。疑問を持つと同時に、権威づけの好きな県民性を見る思いすらする。

棒踊りは確かに多い。棒を持つ同系の民俗芸能は隣県の宮崎、熊本をはじめ、四国の高知、愛媛にも伝承されている。沖縄では南島《はえしま》踊りという。遠く南洋のサモア島にもある（『日本民俗事典』）。薩摩が雄藩だったとはいえ、四国までその影響力があったとは思えない。伝承地からむしろ南方色の濃い〝黒潮の民俗芸能〟のようでもある。

棒を巧みに操り、勇壮で激しい動きの棒踊り（吉田町本名、八幡神社の「二月祭り」）

示現流の剣法を舞踊化したものなら、まず士族の子弟が伝承したはずなのに、士族は踊りに一切ノータッチ。在（農村）の青年だけが踊り継いでいる。武術とは無関係とみるのが妥当のようだ。また「農民の士気を鼓舞するため」というが、封建時代の為政者が、一揆をも誘発しかねない〝農民の武装〟を奨励するはずがない。やはり棒踊りは農耕生活と関連する農民の芸能といえよう。

棒踊りが踊られる時期は地方によって異なるが、旧暦二月の春祭り（打ち植え祭り、二月祭りともいう）、同五月のお田植え祭りに踊る例が多い。この二つの祭りは農耕、特に稲作始めの祭り。棒踊りはその豊穣を願って踊られるのであろう。

かつて農耕民は「秋の収穫が終わると、田＝地霊は眠りにつく。翌年の田植えにはこの地霊を目覚めさせて田を開かなければならない」と考えたらしい。棒には、小正月のハラメ打ちに見られるように、生殖・豊穣を生み出す呪力があるという。そこで、棒で土をつついて眠れる地霊を呼び覚まし、実りの力を与えるのが棒踊りの主目的といってよい。棒を十字に合わせ、打ち合わせるのは、悪霊を退散させる呪術の一つだが、棒踊りの場合、棒を打ち合うことより、棒で地面を突く行為が注目される。

鎌手踊り（鎌と棒）、ナギナタ踊り（ナギナタと棒）、虎無僧踊り（尺八と棒）などは棒踊りの変形だという。

65 川まつり

長島町小浜

水天宮に慈雨を感謝

長島町小浜（百四十戸）で旧暦七月二十九日（ことしは九月三日）に「川まつり」があった。雨の恵みと水難防止の感謝祭だ。

まつりを取り仕切るのは、旧家の町田・町口家が一年交代と決まっている。ことしの宿は町口実さん（六七）。

一週間前からまつりの準備を始める。各戸から米一合ずつ集めて、甘酒を造るのだ。コウジを準備、三日前に大甕《がめ》三つ、四斗分を仕込んで寝かせると、まつり当日に飲みごろになる。「甘酒は、実は濁酒《どぶろく》の代用品です」。公民館長の町田源兵衛さん（六一）は、そのいきさつを苦笑交じりで語る。川まつりは、水神としてのカワンバッチョ（河童）をもまつる。この日、濁酒を飲むと、カワンバッチョにシリを取られない、と信じられていた。小浜川沿いの岩穴で濁酒をつくり、水天宮に供え、地区民も飲んだ。

昭和四十年、この風習を伝える新聞報道が税務当局の目に留まった。法違反を盾に製造中止を勧告され、やむなく翌年から甘酒にかえた。今も濁酒の味を懐かしむ古老は多い。

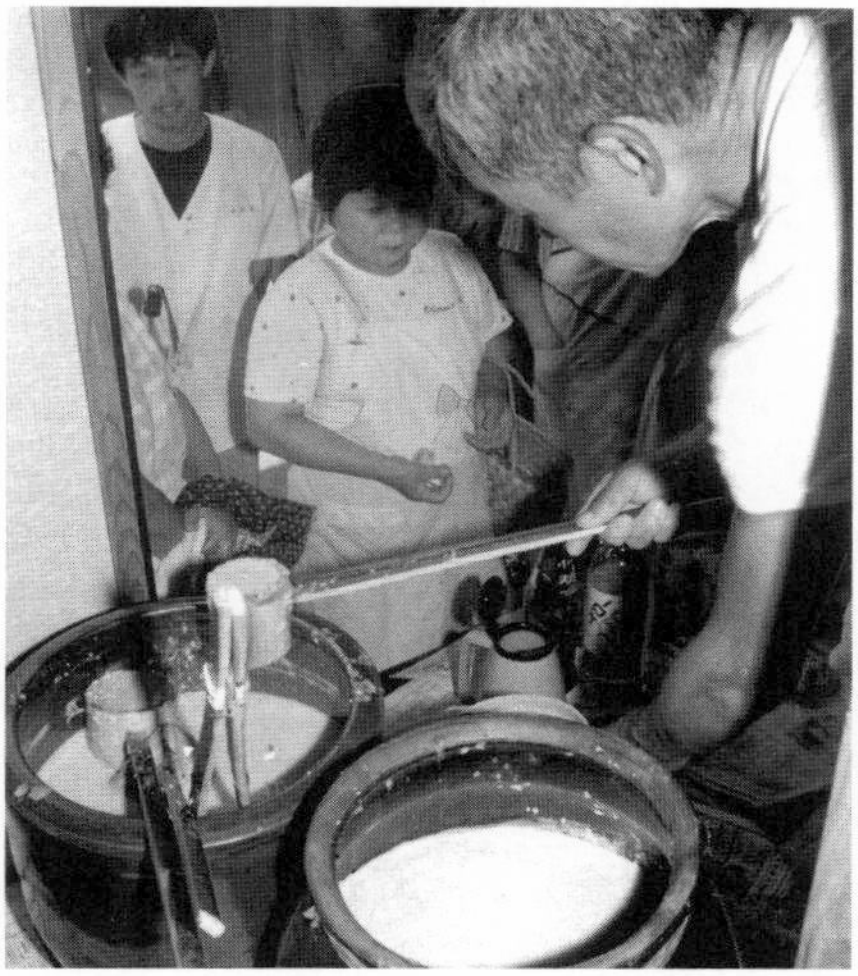
町口さん宅は甘酒をもらいに来る地区民でにぎわった

町田さん宅は、甘酒をもらいに来る地区民で朝からごった返す。空きビンを携えた列が絶えない。町田武喜さん（五九）は、大甕からひしゃくで甘酒をくみ、分配するのに汗だくだ。

昼すぎ、公民館の役員十数人が集合、小浜川沿いの水天宮の石祠に行く。堤防には「願成就・水天宮」と書いた色とりどりのノボリが立ち、慈雨感謝のまつりであることを示している。

水天宮は県道下の竹ヤブの中で、畳一畳ほどの広さ。ここに米や塩、魚など供え、神職が祝詞《のりと》をあげる。このあと、村の鎮守・十五社神社にも参った。かつては露店が並び、天草方面の狂言やにわか踊りなどの大道芸もあり、にぎわったという。

「川まつり」の呼称は、県本土で聞かないが、長島には広く分布している。天草にも多い。町田公民館長は「かつて福岡県柳川、大川あたりと交易があり、そこから水天宮を勧進したのだろう」と語る。

河童をカワンバッチョと呼ぶのも天草的だ。小浜には河童伝説も多く、春秋の彼岸に〝カワンバッチョ道〟を「ヒューホ、ヒューホ」と鳴きながら行き来するものだったという。カワンバッチョを相撲で負かした町口さんの祖父の武勇伝は今も語り草。以来、町口家に魚が絶えないという。「今も祝い事があると魚の届けものがある」と町口さんは不思議がる。子供たちは「うんどま（自分は）小浜生まれ、水天さまの子」と唱えて海に飛び込む。「小浜でおぼれた人はいない」とも。どっこい河童伝説は生きている。

66

バックェ・バックェ

瀬戸内町芝

変装し、各戸踊り回る

変装して玄関口で「六調」を踊る子供たち

奄美大島を中心に、旧暦八月の初丙《はつひのえ》（ことしは九月九日）をアラセツ（新節）という。古い南島の夏正月で、夏を送り、冬を迎えるさまざまな行事が、シマ（集落）をあげて繰り広げられる。

アラセツの前夜、つまり大晦日に対比する九月八日夜、瀬戸内町芝では、子供たちがタイマツをかざして各戸を回り、お菓子などをもらう「バックェ・バックェ」が行われた。

大島本島の島じりに横たわるリアス式海岸が続く島が加計呂麻島。町の中心地・古仁屋からフェリーに乗り、三十分で瀬相に着く。ここからバスで約四十分、島の最西北端の集落が芝だ。ロシア文学研究の世界的権威・故昇曙夢の生地として知られ、澄み切ったサンゴ礁の海と汚れを知らない白浜、ウル（サンゴ石）の石垣が美しい六十戸のシマだ。

午後七時すぎ、子供たちがシマの中心にあるミャー（広場）に集まってくる。マンガの主人公の仮面をかぶった者、顔に墨を塗ったり、女装した男の子もいる。その数二十人ほど。半分は古仁屋在住の出身者の子弟だ。子供会長の元田美香さん（一五）＝薩川中三年＝ら上級生がタイマツを掲げ、ティブル・ヤキィブル（各戸回り）に出発。家の玄関口に立つと、

〽バックェ　バックェ　トウティブル　ムレガドゥ　キャオタスガ
アタラシャ　ティモ　クリッタボレ　ハラドンドンセ　ハラ　イッサンセ

と叫ぶ。「おばさん　おばさん　カボチャ　もらいに来ましたが　惜しくてもください（あとははやし言葉）」という意味だ。そしてティディミ（馬皮張りの奄美独自の小太鼓）のリズムに乗って「六調」を踊る。

すると、主婦が用意した菓子袋を〝花〟として渡す。二時間以上かかって全戸を回り、公民館でもらった菓子を分配する楽しい行事だ。

鹿児島大学法文学部の下野敏見教授は「新節のユーハシ（夜明かし＝前夜祭）の来訪神行事」（『ヤマト文化と琉球文化』）だという。つまり、子供たちは節の折り目に出現する善悪未分化の異装来訪神とみているのだ。

橋口博徳さん（八〇）ら芝の古老によると、この行事は六十年ほど前までは大人がやった。八月

踊りを踊りながら、ティブル・ヤキィブルして、カボチャや米、里イモ、地豆など収穫したばかりの〝初もの〟をもらい集めた。これを徹夜で料理して翌朝、娘たちが料理を盛ったバラを頭にかざしてロウ踊り（八月踊り）の場に運んだ。アガレ（東）とイルイ（西）の二組は料理の速さ、味を競った。この風習がすたれ、子供たちが後を継いだ。

つまり「バックェ・バックェ」は新節の初もの集めの行事が変質化した行事だという。だとしたら「加計呂麻島の一角に消え残った来訪神」とみる下野説には疑問も残る。

67

ヒノエまつり

瀬戸内町芝

火神に感謝、豊作予祝

瀬戸内町芝のアラセツ（新節）行事は、八日夜のバックェ・バックェを皮切りに九日、本番のヒノエ祭りを迎える。

家々では小豆入りのカシキ（おこわ）を炊き、コソガナシ（高祖様）に供え、家族も食べる。正月に年取りもちを食べるように、夏正月の新節にカシキは欠かせないのだ。かつては、前夜のユーファーシ（夜あかし）のティブル・ヤキィブル（各戸回り）の八月踊り連にもふるまった。全戸を踊り終えるころは夜があけ、踊り連はシマ（集落）背後の秋葉神社横のロウ広場に集合、ここでも踊っ

ススキを打ち振り「シマ栄えさせてタボレ」と祈るノロ役

た。ここでの八月踊りをロウ踊りという。その後、ミャー（広場）で奉納相撲や踊りが披露された。近年は過疎で力士が少なくなったので、奉納相撲は日曜日（ことしは十四日）に分離開催、古仁屋や名瀬在住出身者らの応援を仰いで開催している。ロウ踊りも平日のため、婦人だけの参加になった。

ロウ広場は百平方メートルほどの広さ。午前十時ごろ、吉松ヨシさん（八四）らが打つティディミ（馬皮張りの小太鼓）の音がシマに響き渡ると、主婦らはモロブタににぎりめしや煮つけなどのシュケ（酒肴）をいっぱい詰めてロウ広場にやってくる。広場中央には川石三つで逆さU字形のカマドを作ってあり、その前に並べる。

三十人ほど集まったころ、ノロ（祝女）役の橋口ツル子さん（五四）がシルギン（白衣）をはおり、カマドの前に線香を立て、「村栄え　シマ（集落のこと）栄え　農作物栄えさせて　タボレ（下さい）」と拝む。ヒノエまつりはカマドに向かうことから火の神まつりだが、同時に豊作予祝の願いも込められている。

ススキ（ダンチクの葉）を振って一心に祈る橋口さんの肩が震え出した。神託があったのか「ハイ、ハイ、ありがとうございます。昔ながらのご慈愛を受けて栄えいただきます」と神にお礼を述べる。

神事が終わると、全員ミキ（神酒）を回し飲む。杯がカミニンジョ（神人数）の橋口ツネ子さん（七三）に回った時、ハプニングが起こった。ツネ子さんとツル子さんがうつ伏せ姿で肩を震わせ、神がかりになったのだ。二人の〝神口〟に耳を澄ますと「自然の恵みと幸せを与えているのは神々の力なのに、人々に感謝の心がなくなった」と述べている。かつてシマ共同体の神事だったのに、芝にも新興宗教が入り、双方のあつれきがあるという。この光景に一瞬、中世の南島世にタイムスリップしたようでめまいを覚えた。

その後、何ごともなかったように全員立ち上がり、輪になってロウ踊り。「今日の誇らしゃや いつもよりも優《まさ》れ いつも今日のごとくあらしタボレ」などと歌いながら、ティディミのリズムに合わせて八月踊りを踊りまくった。

68 イッソー踊り

瀬戸内町嘉入

豊作に感謝、長寿祝う

奄美の瀬戸内町加計呂麻島の玄関口・瀬相のフェリー発着場からバスで南へ。島の背骨を越え十五分ほどで嘉入に着く。浜辺に立つと、左に与路島、正面に徳之島の島影がかすみ、右側には須子茂離れと呼ぶ小島が望める美しいシマ（集落）だ。

海岸近くのアシャゲ（神々の休息所）とトネヤ（ノロ神信仰の祭場）の間にミャー（広場）がある。ここでアラセツ（新節・旧暦八月初ヒノエ＝ことしは九月九日）の日、ヒノエまつり（豊年祭）があり、伝統のイッソー踊りが披露された。

三十三ものシマが点在する加計呂麻島は近年、過疎化が激しく集落共同体の維持も困難になってきた。新節行事も集落だけでは運営がむずかしく、名瀬や古仁屋に住む出身者の帰省をあて込んで、まつり日前後の日曜日にずらして執り行うケースが増えてきた。嘉入は現在二十戸で、ピーク時の五分の一に落ち込んでいるが、村外在住者の協力を得て、古来の祭礼日を守り通している。

バラや盆に入ったシュケをささげて踊る「イッソー踊り」

敬老会も兼ねており、嘉納忠二さん（八一）ら七十歳以上のお年寄り十四人が招待され、一重一瓶を前にした。前座は古仁屋在住の婦人たちの手踊り。新作の奄美民謡を何曲も汗びっしょりで披露し、シマのウッシュ（じいさん）やアンマ（ばあさん）たちの長寿を祝福した。

奄美の豊年祭には奉納相撲がつきもの。どのシマもアシャゲに立派な土俵がある。だが、嘉入の青年は嘉納輝明さん（三〇）ただ一人。幸い輝明さんの弟・厚男さん（二七）が名瀬から、泉秀章さん（二八）が古仁屋から駆けつけ、三人の力士が確保でき、なんとか伝統の火が守れた。三人は交互に土俵に上がって力相撲。嘉納家の兄弟相撲に歓声がわき、過疎の村に活気を呼んだ。

相撲の中入りに呼び物の「イッソー踊り」の登場。ティディン（小太鼓）を先頭に、二十人ほどの浴衣姿の婦人連が、力飯や煮しめなどのシュケ（酒肴）の入ったバラを肩にささげて入場。踊りながら土俵を一周する。

〽山《さん》（地名）ト与路島ヤ　親ノロヤ一ツ
　舟割リャヌ　カナヤ　間切リワーティ

「徳之島の山と与路島は　親ノロは一つであったが　舟を割ったから（？）　ノロ神は間切《まぎり》（奄美の藩制時代の地区割）が別々になった」という意味の歌を歌いながら踊る。バラにはハイビスカスの花を飾り、しなやかな手招きの踊りを引き立てて美しい。

土俵を一周すると、バラの料理を三人の力士に差し出す。三人はこれを受けて土俵中央に進み、「ウォー」のかけ声とともに頭上に差し出し、見物人の拍手を誘う。この料理は全員に配られる。

本来ならここで取り組み再開だが、力士三人ではどうにもならない。帰省者たちもフェリーの最終便が近づいて二人、三人とシマを後にする。村人は一抹の寂りょう感をふり払うように、八月踊りにわれを忘れていた。

69 シチアミ
喜界町小野津

"若水"で新生児清める

奄美大島のアラセツ（新節）は、旧暦八月初丙《ひのえ》だが、喜界島は一日遅れの初丁《ひのと》（新暦九月十日）がアラセツで、シチオンメ（節折目）という。この日早朝、子供たちを泉や井戸の水で浴みさせる「シチアミ（節浴み）」行事を行う。

喜界町小野津は、島の北西端にある三百戸の大きなシマ（集落）。その背後には「雁股《かりまた》の泉」がコンコンと湧き出ている。この泉には『保元物語』で知られる鎮西八郎為朝伝説がある。口伝によると、沖を南へ航海中の為朝が喜界の島影を見つけ、弓を放った。そこから泉が湧いた――。喜界島には羽衣伝説もあり、メルヘンの世界には事欠かない。小野津の人たちは、この泉でシチアミをする。

シチアミをするのは、男の子は数え年五歳まで、女の子は七歳まで。朝六時ごろになると、ミッグァ（新生児）を抱いた母親、祖母たちがひっきりなしだ。柳あづさちゃん（十カ月）、神田りさちゃん（三カ月）、河上麻衣ちゃん（二つ）もお母さんやおばあちゃんに抱かれてやってきた。

柳ハツ子さん（六七）、神田セキさん（六四）らおばあちゃんたちは、持参したススキ（ダンチクの葉）を水に浸し、孫たちの頭や顔に軽くふりかける。そして近くから小石七個（男の子は五個）を拾う。水に浸したススキ七本（男の子は五本）で俵状のツトを作り、中にこの小石とにぎり飯をつめる。

さらに、にぎりめしをひとつまみずつ孫たちの頭に乗せ、一口ずつ食べさせて「健康に育てよ」「立派な人になれよ」などと唱えごとを述べる。ススキのツトは持ち帰り、家の軒に差しておく。家によっては泉で拾った小石や汲んだ水を持ち帰り、小石をミカンの木などの股に置き、根元に汲んできた水をふりかけ、「ナリヨー、ナリヨー（実れよ、実れ）」と、豊作を祈願する。

シチアミの後、子供たちの頭にご飯を乗せ、健康を祈る

初めのシチアミを「ハッシチアミ」といい、サンゴン（三献）で祝う風習がある。柳さん、神田さん宅でも家族が祝い膳を囲み、赤ちゃんの健やかな成長を祈った。

新節の朝になぜ、子供たちの体を水で清めるのだろう。前にも述べたように、新節は夏から冬への節替わりの日。かつて南島の農耕暦は、旧暦六月までに稲やアワなどの収穫を終わり、旧暦八月以降に種取りなど来る年の農耕の準備に入る。つまり新節は南島の古い夏正月の痕跡なのだ。

本土の冬正月には、若水を汲み、生命の再生を願う。これと同じで、喜界島のシチアミも新年のスディミズ（若返りの水）を浴びることで、人も植物も生きる力をさらに強化できる、と考えたのだろう。赤ちゃんにシチアミさせるのは、新生児はまだ生命力も弱く、邪霊もつきやすいので、ことのほかスディミズの霊力の助けが必要だったのだろう。

70 シバサシ
瀬戸内町加計呂麻島

シバの呪力で悪霊払う

奄美では夏正月のアラセツ（新節）から七日隔てた旧暦八月初壬《はつみずのえ》（新暦九月十五日）が「シバサシ（柴挿し）だ。この間、シマ（集落）は七日七夜の八月踊りのティディン（馬皮張りの小太鼓）の音が響き、島が一年中で最も浮かれる季節。だが近年は、過疎と産業、社会構造の変化などで昔日の面影はもうない。

シバサシは、コスガナシ（高祖霊）を祀る日、あるいは魔除けの日だとして、さまざまな民俗行事がある。この行事も近年、急速にすたれているが、大島本島南部などでは、お年寄りらが昔ながらの伝統を守っている。

シバサシの行事が顕著に見られるのは瀬戸内町。とりわけ加計呂麻島の各地では、シバサシ行事のルーツをほうふつさせる民俗が豊富だ。

同島西北端の芝（六十戸）ではこの朝、墓にシバ（ダンチクの葉）を供え、墓参をする。帰宅後は、家の四隅の軒やアタリ（屋敷畑）にシバを挿す。この日をシバサシというゆえんだ。橋口博徳さん（八〇）も毎年この行事を欠かしたことがない。

新節の食事・カシキ（小豆入りのおこわ）に対比して、シバサシには「フキャゲ」がある。イモともち米の粉を一緒に煮て、こねつぶした独特の食べ物だ。これをサトウキビや青ミカンなどとともにコスガナシに供え、家族も食べる。

アタリにシバを挿し、悪霊を払うお年寄り（瀬戸内町芝）

隣の薩川では、床の間から位はいを下ろし、戸を少し開けた表の間に置く。また須子茂では、家の入り口にモミ殻を置き、その上にオヒシバを載せて煙を出す。この煙にのってコスガナシはやってくる（『瀬戸内町誌・民俗編』）といわれるなど、お盆の精進迎えと同じようなことをする。実久ではこれを「鬼の足を焼く」といい、俵《ひょう》（集落名）でも「旅で死んだ霊や船事故で死んだ霊は、足が冷えているので、温まって喜んで帰っていく」と、信じられている。

これらの事例からシバサシに訪れる霊は、単なる先祖の霊ではない。旅先や船の遭難などで非業の死を遂げた人々、まだ完全に清まりきっていない人の霊であることがわかる。しかし、放っておくとたたるので、祀りはするものの、現世の人々に災いを与えたら困るので、悪霊を払う呪力があると信じられているシバを挿し、防備を怠らないのだろう。

シバサシの前夜、俵などでは子供たちが、桑の木の皮を手首や足首に結んで八月踊りをした。加計呂麻島の属島・請島の請阿室では、この日子供たちは「ウッチュグワ（先祖）の霊に連れていかれないように」と手足首を桑木の皮でくくったうえ、ニンニクの首飾りをさせられた。臭いのきついニンニク玉に悪霊を払う呪力を認めたのだろう。

また請阿室ではこの日、ヤギを殺してヒンジャカミ（ヤギ肉食い）もしたという。旧暦十月の庚申（カネサル）の日同様、悪霊の来る日は、肉を食べ、シマガタメ（集落固め）したのかもしれない。

71

十五夜綱引き
枕崎市東鹿篭山口

月神、竜神に豊作感謝

南九州は十五夜習俗の宝庫だ。一般的な綱引き、相撲のほか綱引きずり、ミノカサをかぶった子供神の登場——など地域によってその諸相は複雑で、日本人の十五夜信仰の基層をなす民俗が多い。中でも南薩の十五夜は、カヤ綱が多く、十五夜信仰のルーツが稲作以前の古い民俗であることを物語っている。枕崎市の山手の純農村・山口（百四十四戸）のカヤ綱は、その美しさで他に類を見ない。

山口の十五夜は、子どもたちのカヤ引きで始まる。かつては旧暦八月一日の八朔《はっさく》から連日、カヤ引きをしていたという。ことしは九月四日、子供たちが近くの国見岳山中でカヤを刈った。カヤ束ができると、子供たちはウラジロ数枚を広げ、葉柄を束ねて円すい形の笠を作る。「ヘゴ笠」という。子供たちはカヤ束を頭からすっぽりかぶり、頭上にヘゴ笠を頂く。ヘゴ笠の頂には、ススキの穂やアケビ、オミナエシなどを挿し、列を作り、十五夜歌の「愛宕参レ」を歌いながら山を下りる。

カヤ束をカズラで締め、綱作りに忙しい山口の人たち。下中央の白綱が〝マムシのビンタ（頭）〟

集落入り口近くになると、子供たちの歌声は一段と高まり、村人の出迎えを受ける。与論島のシヌグ祭りなどで見られるように、来訪神は草々をまとって山を下る。カヤ束をかぶった子供たちも神の化身として村人の祝福を受けるのだろう。

十五夜――。各戸大人が一人ずつ出て綱練りだ。カヤで太さ十センチ、長さ二十メートルほどの綱を十二本作る。あらかじめ同じ長さのカマボコ状に積み上げたカヤの山が綱のシン。これを出来上がった綱々で包み込み、カンネンカズラで縦横に締める。

綱の太さは中央部が直径約八十センチ、両端でも同五十センチはあり、太い蛇にそっくりだ。両端にはワラで蛇の頭に似せたマムシのビンタ（頭）をつける。昔は本物のマムシ頭をつけたという。

綱の中央には、カヤ縄を幾重にも丸めたオンジョ（男）とウンボ（女）の輪をつける。男綱、女綱の象徴だろう。これを見るだけで、十五夜綱が月神と竜神に収穫感謝する民俗であることがわかる。私たちの先祖は脱皮更生する蛇と、欠けては満ちる不老不死の月に不思議な霊力を感じ、それに豊穣を感謝し、また祈ったのだろう。

綱引きの服装は子供も二才《にせ》、三才《さんぜ》も裸に白フンドシ姿。十二歳以上は三角円錐形の帽子、幼い子供は白はち巻きだ。子供たちは「愛宕参レ」を歌いながら綱の周りを走り回る。まもなく二才、三才衆が「うれしゅめでた」を歌い、火縄を振って登場。子供たちはワラをかぶって綱の下に隠れる。大人たちはワラをはぎ、火縄を振り、子供たちを苦しめる。

綱引きは子供対二才、三才。引いては休み、休んでは引く。そのたび中央で「縄を給《たも》す」「綱をもろうなら精根かぎい」などのやり取りがある。競技というより儀式色が濃い古風な民俗だ。

72

十五夜へコ引き

枕崎市東鹿篭下園

五穀の豊作、月に感謝

満月の下、白く長い二才衆のフンドシを引き合う「へコ引き」は、お月さんも噴き出しそうなユーモラスな十五夜行事だ。

この奇抜な行事が伝承されているのは枕崎市東鹿篭の下園（六十戸）。前回紹介した山口とは国道をはさんで南側に広がる純農村。

十五夜行事は集落東端の運動公園で行う。公園の周りは農地基盤整備の工事中で、公園域も計画に組み入れられており、ここでの行事はことしが最後だという。

夕暮れせまると、どの家も庭先に十五夜飾りを飾っている。箕《み》の上に、ススキやクリ、ハギなど秋の草木を差した一升瓶、サトイモやカンショなど掘りたてのイモ類、それにおはぎを供え、家族で拝む。箕はウスの上に乗せるものだったが、ウスを持つ家庭はもう少なくなった。

午後八時前、暗ヤミから歌声が聞こえてくる。「うれしめでたの若松さまよ……」。節を長く引く調子。手ぬぐいでほおかむりし、浴衣がけの二才衆だ。キンチク竹の皮をそぎ、よじり合わせて作った、火のついた火縄をグルグル回しながらゆっくり進む。京都・八坂神社のオケラ火のように、黒い空間のキャンバスに幾重にも丸く赤い火の弧を描き、幻想的なムード。

二才衆の長いフンドシを引き合う子供たち

会場入りすると歌声は一段とさえる。この間、子供たちはこの日練ったカヤ製の綱の上に腰かけている。綱はワラ束で隠して見えない。二才衆は時折、火縄を振りかざして子供衆に襲いかかる。子供たちは「愛宕祭りはソーリヤ、ソー」と十五夜歌を歌い続ける。

歌が終わると白はち巻きに長く垂らした白いフンドシ姿の二才二人が「綱見」。胸を突き出し、両手をくの字形に宙に広げて「ヨカ綱が練れたゾオッ」と叫びながら綱の周りを一周する。よい綱が練れたことをお月さんに報告しているのだろう。

ひとしきり「綱見」をすると、二才衆は綱に飛びつく。子供たちも負けじと綱にしがみつく。二才衆は、負けそうになるとワラ束を持って相手陣地に突進、綱の上を走り回り、子供たちをけ散らす荒っぽい綱引きだ。

クライマックスは「ヘコ引き」。裸の二才衆が胸を張り、お腹をさすりながら「コメンぞろぞろアワンぞろぞろ　腹べーっさい」と叫ぶ。すると子供たちは一斉に二才衆に飛びかかり、前だれ状の足まで届くフンドシを「ヨイショ、ヨイショ」と引っ張り合う。数人がかりで引っ張られて股間を締め付けられた二才衆は「アッ、イタッタ」と逃げまどう。あいにくの曇天だったが、笑い転げる見物の女衆の歓声に、ついにお月さんも雲間に顔をのぞかせた。

下園末男さん（六五）によると「腹べっさい」は、腹いっぱいという意味だ。コメもアワも豊作で腹いっぱい食べられた、と月に豊作を感謝する姿が「ヘコ引き」に読み取れる。

73 マチャミ

宇検村芦検

魚の入網待つ原始漁

川口に近い入り江に網を張り、引き潮とともに沖へUターンする魚群の退路を断つ網漁が、奄美の宇検村芦検に残っている。魚路を巧みに利用したこの漁法を「マチャミ（待ち網）」という。

波静かな深い入り江の焼内湾のサグドマ（崎当間）という小さな入り江が漁場。網は全長七十五ヒロ（約百十二メートル）、縦幅は四ヒロ半、地引き網を小型にしたもので、漁は最低四人で可能だ。

現場は浜から約十五メートル沖合に固定ブイがあり、これから約百度の角度、五十メートルほど先に浮きと本ブイがある。一帯は魚路になっている。満潮にかかるころ、魚群が川口に向かって遡上《そじょう》するのを確認。板付け舟に積んだ網を先のブイに引っ掛けて張る。さらに浮きまで網を延ばす。

ここで網の上部と浮きを稲ワラ一本で結ぶ。残りの網は二十四ヒロほどある。この網の先端上部

「引け！」の声がかかると一斉にロープを引き、魚群の退路を断つ

にも稲ワラ一本を通し、約一・五メートル先の本ブイと結びつける。網の先から長さ約四十メートルのロープが延びており、網子は二本の稲ワラが切れないよう注意深くロープを浜のトマ屋まで運ぶ。ロープを張った部分を大グチ（幅約三十メートル）といい、魚はここから自由に網の中に出入りできる。大グチは必ず魚が遡上する川口に向けて開ける。これで網入れは終わる。

トマ屋の上にはトモリ松と呼ぶ老松があり、高さ五メートルほどの所に板敷きの魚見台。一人がはしごを伝って登り、潮（魚）のわくのを監視する。他の三人はトマ屋で休息。網干し場近くの岬に「ジュグさん」と呼ぶ高さ三十センチほどの自然石があり、これに焼酎を注いで豊漁を祈る。ジュグさんは竜宮の意味らしい。

待つこと小一時間、引き潮にかかったころ潮がわき、魚見役が「引け！」と叫ぶ。トマ屋に陣取った漁師たちは一斉にロープを引く。すると、まず本ブイの、ついで浮きの稲ワラが切れ、またたく間に大グチは網で仕切られる。あとは地引き網同様、網を浜に引き寄せる。玉利栄さん（五四）は「魚見役の判断とロープ引きのタイミングが好不漁を左右する」と語る。

マチャミの漁期は四月から秋まで。夏場はソウダガツオがよく入網するので、晴天の日は毎日網入れする。アジやサバ、ボラなどがよく捕れる。昨年四月には十キロ級のシビが一網で十四匹入網した。今夏は一キロ級のシマアジ八十匹が最高だった。

かつて焼内湾や加計呂麻島の入り江にはたくさんのマチャミ漁場があった。魚路に網を入れ、のんびりと入網を待つ原始的な網漁で、あまり漁獲量は期待できない。今ではここ芦検だけが伝統の漁法を守っている。

芦検では玉利さんら五人が株（一株一万五千円）を持ち、村漁協に年七千円の入網料を支払って細々と漁を続けている。

74 ミディガミ

奄美大島南部

朝夕に水と小石拝む

奄美の島々では、台所の片隅に水入りのコップや湯のみに小さな川石数個を沈め、朝夕拝む主婦がいる。ミディガミ（水の神）を拝むのだという。表面上は気づかないが、注意深く探すと、ミディガミを拝む女性は一シマ（集落）に約十人。

宇検村芦検の木村ニクネさん（七四）もその一人。木村さんは台所でなく床の間に、先祖の位は

木村さんが朝夕、拝んでいるミディガミ（右上の湯呑みの水と小石）

いと共に祀っている。写真右上の湯呑みに黒く沈んでいるのがそれだ。湯呑みには川石六個が入っている。毎朝、湯呑みの水を替え、線香を立てて拝む。夕方は水替えしないが、やはり拝む。

拝む場所はここだけではない。シマの中央部に小川が流れており、上流のウンニュコ（上の川）は、年六度六十日ごとにめぐってくる癸酉《みずのとり》の早朝、ミディガミを拝む女性でにぎわう。芦検にもミディガミを拝む婦人が十人ほどいるが、それぞれ祀る場所が決まっている。

木村さんの祭場は、岩がゴロゴロ突き出し、照葉樹がおおいかぶさっている最上流だ。癸酉の日の早朝、木村さんはチョロチョロ水が流れる岩の上に小さなシトギだんご七個とコンブ、ザコ、塩、酒を供え、線香を立てて拝む。ススキ（ダンチクの葉）三本を清水に浸し、これを振って水しぶきを自分の体に振って、身を清める。新しい小石を拾って持ち帰り、自宅の祭壇の古いのと取り替える。

木村さんの先祖はノロ（祝女）だったらしく、今も古いノロギン（ノロ衣）を大切に保存している。「ミディガミ拝みは私が六代目」という。

一方、徳田マツさん（七五）は十年ほど前、名瀬のユタ（南島独特の民間占い師）に運気を見せたところ「ミディガミを拝んだ方がいい」といわれ、信仰するようになった。

ミディガミ信仰への動機は二つあるようだ。一つは木村さんのように母から娘へと信仰が伝承されるケース。もう一つは、体が弱かったり、運気が気になってユタに占ってもらい「水神を拝め」と神託を受ける例だ。

ミディガミは、一般に女性だけが祀り、秘儀的色彩が強い。しかも信仰を通じた横のつながりも薄く、比較的に閉鎖的な信仰のようだ。

しかし、隣の大和村大棚や大金久辺りでは、ノロまたはノロ代理者を中心にした交流がみられる。両集落では旧暦九月九日の朝、ミディガミを拝む女性たちがヒキ（血族集団）ごとに浜に下り「ハマガン（浜願）」をする。盛った浜砂に線香を立てる。ミキ（米の粉でつくった甘酒ようの白い発酵液）を浜に注ぎ、海に向かって家内安全の願直し、願立てをする。一方、南の加計呂麻島ではヒナハミガナシ（火の神）と習合、これと一緒に祀られた例が見られる。

台所を預かる主婦にとって、水と火は欠かせない。水は万物の生命の源、不思議な清浄力を持つ。この神聖な水に敬けんに祈る奄美の女性たち。その心根のやさしさが印象深い。

75

水神踊り

鹿屋市王子町

鉦たたき豊作に感謝

踊りというよりも鉦の奏楽を強調した鉦踊り

大隅半島の肝属川流域に点在する水神祠《ほこら》前では旧暦八月下旬、それぞれ日を定めて水神祭が行われ、鉦のリズムに合わせて種々の芸能が奉納される。川踊り、鉦踊り、法楽《ふらく》、八月踊りなどと、踊りの名称は集落によって異なるが、いずれも風流《ふりゅう》系の、水神に豊作感謝する「水神踊り」。鹿屋市王子町の和田井堰《せき》前で、旧暦八月二十八日（ことしは新暦十月一日に変更）奉納された「鉦踊り」もその一つだ。

高隈山系の水を集める肝属川は、王子町にさしかかるところで大きくカーブして南（鹿屋市街地）へ流れを変える。このカーブに和田井堰がある。宝暦三（一七五三）年にササシバを積み重ねて堰をつくったのが最初で、水神祠の刻字も同年になっている。その後改修を重ね、ここから延びる用水路は白崎、新川、川東を経て四キロほど先の吾平町に至り、鹿屋平野の水田を潤している。

それだけに、下流域の農家の和田井堰に寄せる思いは強い。水神祭の日は、用水路の恩恵を受けている各集落が競って和田井堰の水神祠に郷土芸能を奉納した。川東の農家は今もこの伝統を守っており、この日集落の水神祠前や辻々でお高祖頭巾をかぶって「口説《くどき》踊り」を踊ったあと、必ず和田井堰前にやってくる。

川東の婦人たちの「口説踊り」のあとに、王子町青年団の「鉦踊り」。踊りの楽は小太鼓とシンバル状のテベス（摺《す》り鉦）、ホラ貝、横笛の四種。踊り子の衣装は、白系の浴衣に白はち巻き、彩り鮮やかなたすき掛けだ。

小太鼓を「ヤーハッ」と掛け声をあげてドン、ドンと打つと、キャン、キャ、キャンと鉦が響く。鉦と太鼓は左足を一歩踏み出して打つだけ。一方、テベスは、左右向かい合ってしきりに動き、手拍子をとり、楽を引き立たせる。そのさまは、踊りというよりも、鉦の奏楽を見せ聴かせる芸能といった方がよい。肝属川流域によく見られる「法楽」にもそっくりだ。大隅半島の水神への奉納踊りに鉦がつきもの。水神様はよほど鉦の音が好きとみえる。

踊り子のはち巻きの結び方や、左足を一歩踏み出し、鉦を腰の前に突き出してたたく所作は、加世田市の竹田神社夏祭りに奉納される「稚児踊り」にウリ二つだ。また、鉦打ちに花笠をかぶせ、外回りに矢旗を背負った太鼓打ちを配したら、南九州に広く分布する「太鼓踊り」に早変わりしそうだ。

鹿児島大学法文学部の下野敏見教授（民俗学）は「鉦踊りは、南九州の太鼓踊りの形成以前の一つの古い形を見せてくれる」（『南九州の民俗芸能』）と注目している。また、王子町公民館庭に、法印山伏の古い石塔があることから「そうした者たちの指導で水神感謝と収穫祝いのために導入され、成立したものではなかろうか」（同書）と鉦踊りの起源を推論している。

和・琉文化融合の芸能

76 諸鈍シバヤ

瀬戸内町諸鈍　大屯神社

奄美大島の古仁屋港からポンポン船で大島海峡を二十分。加計呂麻島の生間に上陸して峠道を一キロあまり歩いて南へ下ると諸鈍だ。峠からはシマウタ（奄美民謡）に歌われた「諸鈍長浜」の白浜が湾曲し、水平線に与路島の島影が太平洋に浮かぶ。秋とはいえ、セミ時雨の峠を下りると、ジットリ汗ばんでくるほどだ。

集落の入り口左手に平資盛を祀る大屯《おおちょん》神社がある。旧暦九月九日、この境内で国の重要無形文化財の「諸鈍シバヤ」が演じられる。ことしは十月十日、「ばななぼうと86」の一行が諸鈍を訪れたため、この日は特別公開のサービス。

加計呂麻島はノロ（祝女）習俗が色濃く残り、中世のアマンユ（奄美世）を今にとどめる民俗学上貴重な島。とはいえ、諸鈍（百三十三戸）にはノロ習俗に欠かせないアシャゲ（神々の休息所）やトネヤ（ノロ神信仰の祭場）などが見られない。諸鈍は古来〝道の島〟の島伝い交通の要所で、早くからヤマト文化と琉球文化が流入、二つの文化が融合し合ったためらしい。諸鈍シバヤもこの二つの芸能が微妙に影響し合って完成した貴重な村芝居だ。

ユーモラスな「ダットドン」は笑いが絶えない

境内左端にシバで囲った楽屋がしつらえてある。この楽屋が「シバヤ」の由来という。まず、浴衣をしりつぶりした十五人の出演者が拍子木、太鼓、三味線、ホラ貝の楽に合わせて「楽屋入り」。「イヤッ」「フュー」の掛け声は気合十分。

ついでサンバトー（三番叟）。紋付きはかまに山高帽、軍配を掲げた年配が登場して口上を述べる。次が「ククワ節」。黒羽織に脇差し姿。カビーディラ（紙製の素朴な面）をつけた七人が、六尺棒を持って「敦盛の歌」に合わせて櫓《ろ》をこぐ動作をする。諸鈍シバヤはどの踊りもカビーディラをつけるのが特徴だ。

踊りは、南種子町平山の「西目出し」によく似た「シンジョウ節」、吉田兼好法師にちなむといわれる「兼好節」と続く。

見物人の笑いを誘ったのが「ダットドン（座頭殿）」。サンシン（蛇皮線）をすり替えられた座頭が、手探りで必死になって捜すしぐさがユーモラス。しかも川渡りや脱糞のさまを狂言風に演じ、場内はやんやの喝さい。

圧巻は「シシ切り」。野辺で遊ぶ乙女に襲いかかるシシを狩人が退治する活劇を勇壮に演じ、会場は拍手の渦。人形劇もある。「タマツユ（玉露）」といい、びょうぶの上に玉露が姿を見せると、シバ垣の中から大蛇が出現。玉露をかみ殺す。大蛇は胴に通したサオを三人がかりで操る。最後は「高き山」。太鼓を先頭に鉦打ちらが踊りまくる。十一種目も踊ったのは八年ぶりだという。

77

妙音十二楽

日置市吹上町田尻　中島常楽院

盲僧奏でる〝平安の調べ〟

吹上町伊作から国道270号を北へ一キロ余、右手の小路を下ったところに盲僧寺の中島常楽院がある。高床の本堂は、三方回り外縁の風格ある古びた仏堂建築。内陣には仏像や奏楽図掛け軸、盲僧座像や盲僧琵琶、法具などが納められている。毎年十月十二日の法会には、南九州の盲僧が集まって「妙音十二楽」が奏せられる。

常楽院と妙音十二楽の歴史は、遠く平安の世にさかのぼる。九州の盲僧・満正院阿闍梨《あじゃり》が大同三

（八〇八）年、京都・山城に正法山妙音寺常楽院を建立、晩年に妙音十二楽を制定したといわれる。「地神盲僧系図」によると、常楽院が吹上の地に移ったのは十九代住持宝山検校の建久三（一一九二）年（一説には建久七年）。宝山検校は島津氏の祈とう僧として本尊の妙音天を奉じて下向した。当時の中島付近は一面湖で、検校は湖畔に壇を設けて十日間、地神の秘法を修し、ついに大蛇を退治、水を干したといい伝えられている。その日が旧暦十月十二日だったので、この日（今は新暦に変更）に秋の法会を行っている。

高らかに弾奏される盲僧たちの「妙音十二楽」

　祭壇中央に五色のご幣状の飾りが立てられ、その前に導師の柳田耕雲住職（日南市在住）が数珠を持って座す。柳田住職を中心に十四人の盲僧が囲む。琵琶、笛、太鼓、ドラなどのにぎやかな前奏。妙音十二楽の始まりだ。妙音十二楽とは、天台宗盲僧が管掌する地神経一巻ごとに演奏する十二種の音楽で、松風、村雨、杉の森、八つ橋などがある。琵琶は弾き続けるが、時折、太鼓や横笛、ドラも加わり、厳かな古代の調べを合奏する。妙音十二楽の前後には、琵琶以外の楽器で回向《かいこう》神楽を奏し、導師が本尊の堅牢《けんろう》地神をたたえる読誦《どくしょう》をする。

また徳留智純師が堅牢地神の由来を説く「ハンゴン釈」「ショウブワケ」や、琵琶の由来を語る「琵琶釈」を琵琶の音に合わせた読誦もある。二時間に及ぶ奏楽が終わると、本堂隣にある歴代住職の墓地でも琵琶を弾奏、供養した。

中島常楽院を建立した宝山検校は、人心を感化するため、仏歌や勧善懲悪の道歌を琵琶にのせて吟弾し、行脚したという。この盲奏琵琶から後の薩摩琵琶が派生したらしい。しかし、薩摩琵琶が広く世に知られるようになったのは、明治以降多くの名手が上京して中央で活躍してからで、明治末年には錦心流が起こった（村田熙『盲奏琵琶と薩摩琵琶』）。

鹿児島で盲僧は「家督どん」などと呼ばれ、庶民生活に深くかかわって親しまれていた。宗教的側面から尊敬されていたのも事実だが、政治的には別の面で為政者の庇護《ひご》を受けていた。盲僧は門付けに諸国を回るので、情報通でもある。戦乱の世に敵陣の動きが気になる武将たちにとって、盲僧のもたらす最新情報は、戦術・戦略上値千金だったに違いない。

78 豊年太鼓踊り

薩摩川内市祁答院町菊地田　南方神社

渦巻き踊る「バラデコ」

薩摩郡一帯の南方神社秋の大祭は、十月八、十、十二日に集中しており、太鼓踊りを奉納して収穫に感謝する。祁答院町菊地田、南方神社の例祭日は十二日で、三つの太鼓踊り系郷土芸能が披露された。

チン、チン、ドン、ドンの音とともに頂に彩り鮮やかな花笠をつけた高さ四メートルもある矢旗の群れが、参道をゆっくり上ってくる。地元菊地田の太鼓踊りだ。

ビナマキで踊る川東の「バラデコ」

太鼓打ちは十人。白装束で白髪のかつらをかぶっている。中打ちは五人で、うち鉦四人、小太鼓一人。黒脚半に黒の半袖上着。顔は赤いスダレ状の飾りで隠しており、女装して華麗な南薩一帯の中打ちに比べ、質素で男性的な装いだ。ただ、大太鼓打ちに守られるように登場する行動は変わらない。

踊りはまず鉦・小太鼓の中打ちを大太鼓が両サイドにはさみ、四列縦隊に整列して始まる。矢旗が高く、大きいので見ごたえのある芸能だ。

次に登場したのが上手の太鼓踊り。中打ちは鉦六人。小太鼓四人で、大太鼓打ちと同数なのに特徴がある。大太鼓打ちの矢旗は菊地田とほぼ同じだが、踊り子のかつらは黒色で、額に紙製のカブトをつけている。これも川内川中流域でよく見かける光景だ。衣装は菊地田よりやや華やか。

中打ちの鉦打ちは黒脚半に長じゅばん姿。逆U字形の鉦打ち棒は長さ約五十センチと長い。小太鼓打ちは黒い着物姿。鉦打ちと小太鼓打ちはよく跳ね、動きが激しい。しかし大太鼓は太鼓を力強くたたくだけで、あまり大きな動きは見られない。踊りの基本形は中心円に小太鼓。次の輪が鉦、外周円が大太鼓と三重円を描く。

しんがりは川東の「バラデコ（バラ太鼓）」。太鼓の代わりに、直径七十センチほどのバラ（大ザル）二つを合わせ、表面を紙で張ったもの。バラ打ちは白装束で玉絞りの手ぬぐいを姉さんかぶりし、腰に帯を長く垂らした素朴で土の香り漂う衣装。それに比べて高さ三メートルほどの矢旗は下から白、緑、赤、黄と色分けされたものを十数本も束ねており、まるでサルビアの花群を見るような華やかさ。

奇異に映るのが中打ちの四人。水色系の羽織はかまに脇差し姿。頭には「丸に十の字」の島津紋もくっきり浮かぶ陣笠をかぶっている武士姿。しかも境内を進む動作が、加世田市竹田神社夏祭りの士踊りをもほうふつさせる。素朴な大太鼓打ちとのアンバランスが面白い。多分、中打ちの衣装が後世に変化したのだろう。

踊りは、いきなりビナマキという渦巻き行動から始まった。隼人の渦巻き紋にも似た速い動きで描く。太鼓踊りは三段打ち分けといって四列縦隊、円陣、ビナマキと三つの形態があるが、集落によって強調する形態が違っていて興味は尽きない。

79

妙円寺詣り

日置市伊集院町　徳重神社

和やかな山坂達者の列

ノボリを背に紙ヨロイで参拝を終えた東市来町美山少年団

〽明くれど閉ざす　雲暗く
　ススキ　カルカヤそよがせて……

野にススキが揺れ、カキが赤く熟れるころ口ずさむ「妙円寺詣《まい》りの歌」。旧暦九月十四日が近づくと、声を張り上げ、あるいは黙々と歩く人波が伊集院町の徳重神社をめざし、十四日にピークに達する。今やその数十万人。

伊集院駅裏にある徳重神社はかつての妙円寺。元中七（一三九〇）年創建で、のち島津義弘の菩提寺になったが、明治二（一八六九）年の廃仏毀釈《はいぶつきしゃく》で廃寺になり、その後義弘を祭神とする徳重神社にかわった。妙円寺詣りは、慶長五（一六〇〇）年の関ヶ原合戦で西軍についた島津軍が、東軍の敵前を突破して伊勢路へ退却した史実にちなむ。藩制時代、鹿児島の城下侍たちが、その辛苦をしのんで合戦前夜にヨロイ、カブトで身を固めて妙円寺に参拝したのが始まりといわれる。

明治以降は生きた郷中《ごじゅう》教育として、学舎がこの習俗を引き継ぎ、義弘軍の豪胆無比な行動を自ら感得した。その勇壮な武者行列から、伊集院の人たちは、妙円寺詣りを「ヨロイさあ」とも呼んでいる。このように妙円寺詣りは旧士族とその子弟だけが参加する行事だった。もう三十五年も関ヶ原走破を続けている窪田広治隊長（六四）によると、一般の町民が参加したのは昭和七、八年ごろからだという。戦後は一時すたれていたが、昭和二十六年に武者行列が復活した。

当日は武道を中心とした各種スポーツ大会も開かれ、境内は立錐の余地もない人垣。その間を縫って参拝の団体や家族連れの列が終日切れることがない。「近ごろはまつり前後だけでなく、十日ほど前から参拝客がやってくる」と窪田さん。近年は心身鍛錬、「山坂達者」を兼ねた学校ぐるみの参加がふえた。鹿児島市の西陵小学校は、ゆとりの時間につくったカライモを昼食に、片道約二十キロを歩け歩け。鹿児島実高生は往復約四十キロを歩き通した。家族連れや若者グループもピクニック気分でやってくる。そこには学舎連のような「温故知新」的な気負いはない。全国的に珍しい「歩くおまつり」を楽しんでいる風で、帰りは名物の「伊集院まんじゅう」をみやげに買い求めている。

妙円寺詣りは、鹿児島の三大行事の中で、唯一鹿児島にゆかりある史実に基づく行事。だが「負け戦をたたえるなんて」「関ヶ原の義弘は優柔不断だった。無謀な敵前突破の陰に、多くの部下の死があったことを忘れてはならない」などと、まつりそのものをさめた目で見る人もいる。だが、窪田さんらは「あの合戦は五百人の敵に一人で立ち向かった勘定になる。私たちはこの事実から勇気とは何か、を感覚的に受け止めている。これは青少年育成の宝だと思う」と反論する。

歴史の評価はともかく、妙円寺詣りを格好の体力づくりの場に取り込む庶民のエネルギーと、したたかさには圧倒される。

80

古田獅子舞

西之表市古田　豊受神社

激しい舞で収穫感謝

南の島々に秋風が吹き、ススキの穂がそよぐころ、種子島各地で「願成就まつり」という秋まつりが行われる。春に氏神に作の豊穣の願を立てておき、秋になってその願成就を祝う収穫感謝祭だ。旧暦九月九日の宝満神社（南種子町茎永）を皮切りに、新暦十一月十二日の島間岬神社（同町島間）まで、島にある数多くの神社で日を決めて願成就が行われるので、島の秋はまつり一色になる。

種子島は民俗芸能の宝庫である。土着の芸能の豊かさもあるが、古来本土から開拓移住者を多く受け入れてきた。これら移住者たちが持ち込んで島に根を下ろした芸能も多い。

源太郎踊り、さんご踊り、メン踊り、種子島大踊り、ひょうたん踊り……種子島の民俗に詳しい下野敏見鹿児島大学教授によると、種子島全体の芸能は百六十余種類もあるという。願成就にはこ

天狗に対峙して激しく動く古田獅子舞

れら芸能が決まって奉納される。種子島の秋は民俗芸能のオンパレードだ。
西之表市古田は、島の心臓部にあたる海のない約二百戸の集落。ここの先祖たちも静岡や大分などからの移住者が多い。十月十九日、古田の豊受神社の願成就に、鹿児島では珍しい「古田獅子舞」が披露された。
出演者は獅子二人、子ザル二人、天狗（猿田彦）一人。楽は横笛八人、太鼓二人、歌はない。露払いの天狗、子ザル、獅子の順に登場。天狗は大刀と軍配を持って獅子と対する。楽に合わせて天狗が大刀と軍配を振ると、串間光春さん（三〇）、高尾野智浩さん扮する獅子が左右、上下に跳ねる。天狗が進むと、獅子は後退、去ると前進するなど一進一退をくり返しながら舞は徐々に佳境に入っていく。
太鼓は一人がたたくと、もう一人は時折、バチを持ってはね踊ったりする。子ザル二匹は両サイドで天狗と獅子の動きをまねる。そのしぐさがかわいらしく、カメラのシャッター音が高まる。太鼓のリズムがさらに高く、速くなる。それにつれて獅子の動きも一段と激しくなり、たてがみに飾っていた長い五色の飾りがちぎれて宙に舞う。

踊りが終わると、赤ちゃんを抱いたお母さんたちが獅子に群がる。赤ちゃんを獅子に噛《か》んでもらうと、丈夫に育つ、と信じられているのだ。神霊の宿る獅子頭は悪魔払いの呪力があるといわれており、これにあやかったのだろう。

古田獅子舞は、大分県津久見市から移住した川野幸太郎さん、石井又蔵さん（ともに故人）が伝えたといわれる。大正三年の天皇御即位記念で舞ったのが初演というから、種子島では比較的新しい民俗芸能だ。だが「サルが出てくる獅子舞は本家の津久見にもない」と高尾野さん。舞い方も津久見のそれとはかなり異なっているという。島に伝播した芸能も、七十数年間で島の芸能と融合しながら独自の芸能に昇華したのだろう。

81 深川メン踊り

西之表市深川

ユーモアと哀感漂う

西之表市と中種子町境にある深川神社願成就は、例年十月二十四日「メン踊り」というユニークな仮面踊りが奉納される。ことしは集落の運動会の前座として十九日だった。

〽金山に三味線ないと　誰《た》がいうた

ヨーホー　アーヒーヤー

五七五調の歌が流れると、楽とともに面をかぶった踊り子が踊り出す。楽は鉦四人、入れ鼓四人、太鼓九人の編成。太鼓打ちは色模様で黒エリがけの半じゅばん、白のモモヒキ姿。太鼓は両肩から前に掛け、両手でバチを持ってたたく。入れ鼓と鉦打ちは着物姿にきらびやかな花笠をかぶっており、そのいでたちは本土の太鼓踊りそっくりだ。鉦を打つ撞木《しゅもく》は、島の野生鹿の角製だという。

踊り子のメンは爺や婆、鬼、天狗、侍など。泥で型を作り、その上に新聞紙などを二十枚ほど張り、十分乾かしてから土をくり抜き、赤や黒、白色でクマ取りした素朴で味わい深いもの。メンをかぶって手ぬぐいでほおかむりする。服装は野良着が主体だが、思い思いメンに合わせている。踊り子は二十人。

サルも二匹。黒の長そでにハットク（チョッキ）を着、下はモモヒキ姿。足はシュロ皮で包み、頭髪と手首もシュロ皮でおおう。首は白のハンカチを巻き、黄色のタスキを

腰にヒョウタンをぶら下げ、ユーモラスに舞うメン踊り

かけている。赤いシリ当てもあり、四つんばいになって踊りの周りで、ひょうきんなしぐさをして笑わせる。

出端《では》は三列縦隊。明るい楽拍子にのって練って出る。出終わったところで、三重円を作る。内輪は鉦・入れ鼓、中輪は太鼓、外輪がメンだ。

楽が鳴り、歌が入るとメンが踊り出す。踊り子はコブシを握りしめ、少し前かがみの姿勢でガニ股気味の大股でひょうきんに踊り進む。歩を進めるたびに腰につけたヒョウタンが宙に舞う。別名「ヒョウタン踊り」といわれるゆえんだ。川辺町永田の「ヒョックイ踊り」にも似て、何ともこっけいな動き。

メンは時計の針と逆方向に踊り回る。一方、中輪の太鼓は時計回りなので、踊り全体に律動感があり、華やかさが一段とひきたつ。

深川のメンは、能面にも似ているが、能面よりも奥行きが深く、素朴な温かみの中に、えもいえない哀感が漂って見あきない。場内を二、三周したろうか。

〽ほんになりたよ　大和様のヒョウタンじゃ
　昼はお腰に下げられて　キラタン　キラタン

フィナーレの「引端《ひきは》」だ。高なる拍手を背に、踊り子の手足の躍動が一段とさえる。

かつてメン踊りは、長男だけが伝承できる門外不出の芸能だったが、ことしは深田和子さん（五一）ら婦人二人も参加した。

82 こっけいな土着芸能

杵舞
出水市上知識　箱崎八幡神社

秋が深まるころ、全国の神社境内で、五穀豊穣を祝い、村の除災招福を祈る神楽が夜を徹して舞われる。

鹿児島では神舞を「カンメ」といい、各地の神社のホゼ（法生会）のメーンイベントとして舞われる。県本土には、神舞が広く分布しているが、離島はトカラ列島口之島の「ネーシ（内侍）神楽」や上甑島の「内侍舞」を除いて神楽系の芸能はない。薩摩・大隅の両半島が日本の神楽系芸能の南限といわれるゆえんだ。

鹿児島の神舞は、刀や矛、なぎなたなど採り物を持って舞う出雲系の岩戸神楽系に属する芸能だといわれる。中でも鹿児島の神舞を特徴づけているのは、土着芸能の「タノカンメ（田の神舞）」だろう。スリコギやメシゲを持ち、ひょうきんな面を被《かぶ》って、鹿児島弁まる出しのユーモラスな口上を述べる独特な芸能は、土の香漂い親しみ深い。

杵を持ち、中腰でユーモラスに舞う「杵舞」

出水市上知識八幡の箱崎八幡神社神舞の一つ「杵《きね》舞」も田の神舞の流れをくむ土着芸能で、見る者の郷愁と笑いを誘う。

太鼓の音とともに拝殿に現れた宮内喜平さん（出水市護国神社宮司）は、鼻がひん曲がり、出っ歯姿のひょっとこに似た面、頭にシキを被り、狩衣姿。右手に手錫杖《しゃくじょう》、左手に杵、背中にメシゲを差している。背を丸め、中腰で右足を一歩進め、顔を斜めに見上げる姿は田の神舞そっくりだ。そして正面に向かい、

〽天照大神宮の御ヒザ元　箱崎八幡宮の田の神
　おっしゃいますには　年がよれた（年老いた）ですネ

などと「祭文」を述べ、またひょうきんな舞を始める。さらに「二才のころ食べたもちの味が忘れられない。氏子もたくさんいるので、搗いてたまわろう」と、杵でもちをつくしぐさ。ついで杵を斜め上に構え、鉄砲撃ちの所作。悪魔、外道を射るのだという。

ひとしきり舞うと、神前に供えた紅白のもちをまいて退

散する。宮内さんによると、祭文にはかなり露骨な性的内容の口上があるが、風紀上からはぶいた。だが、この部分こそが重要。陰陽和合の呪術で、稲の豊穣を招くという願いが込められているのだ。

同神社には二人剣、一人剣、なぎなた舞などが伝承されているが、この夜は他に優雅な「浦安の舞」「秋の舞」、勇壮な「鬼神舞」も奉納された。特に田上貴敬宮司（五二）の長男敬一君（一八）、二女洋子さん（二二）の「秋の舞」は平安の雅のムードいっぱい。観衆はしばし幽玄の世界を堪能した。

同神社は旧郷社。縁起によると、下向中の島津忠久が博多の筥崎《はこざき》八幡宮に祈って海上荒天の危機を免れたので、その礼に神を野田に勧進したというから九百年の歴史を持つ。その後同市名護ノ浦、指宿市六月田と移り、天明年間（一七八一～一七八九年）に現在地に落ち着いた。

83 鬼神舞

指宿市山川町成川　南方神社

勇壮な五精霊の乱舞

山川町成川南方神社の「カンメ（神舞）」が十月三十日夜、成川保育園前広場の特設舞台で三年ぶりに披露された。

広場中央に畳三十枚を敷き、その四方に松竹を立て、注連縄《しめなわ》とご幣を張りめぐらした舞台。左手下の楽屋から五メートルほど花道が設けてある。寒風吹く肌寒い夕暮れとはいえ、舞台の周りは早くも黒々と人垣ができ、里神舞の雰囲気いっぱい。

同神社には三十三番の舞があった。近年は、うち九番が三年ごとに奉納されていた。ことしは「奉仕舞」「地割り舞」「咲姫《さくやひめ》」の三番が二十年ぶりに復活するのだ。

福ケ迫愛子ちゃん（五つ）の愛らしい「禰宜《ねぎ》舞」で幕あき。ついで刀と棒を持った男児二人の「キツネ玉舞」。狩衣に弓矢の大人四人が四方を清める「奉仕舞」。さらに「田の神舞」は、黒いシキに黒い面、腰にメシゲを差し、右手に手錫杖、左手にご幣を持ってユーモラスに舞う。

ご幣を囲み、五鬼神が乱舞する「五方鬼神舞」

だが、成川の神舞に欠かせないのは、勇壮な「鬼神舞」だ。この夜も「矢抜き鬼神舞」と「五方鬼神舞」の二番が披露された。

「矢抜き鬼神舞」の露払い的な舞が「地割り舞」。狩衣姿に弓矢、手錫杖を持った四人が登場。一人一人中央に出て、

〽これヨロイとは　一ぱ
　昔は三角の一面ものにてありとき

と祭文を唱え、四方を固める。

四方固めがすむと、花道から青面鬼神が登場して鬼神舞の始まり。青面鬼神は扇子をかざして四方で勇壮な舞。時折、観衆の中に割っておどしたりしながら、

〽神々の　天の逆鉾《さかほこ》振る時は
　乱れし鬼もかなわざりけん

と祭文を唱え、西方隅に座す。衣装は狂言風の軽装だ。ついで赤面、白面が同様の舞のあと、東と南に相次いで座す。最後は大地の象徴の黄面鬼神が登場。四人で乱舞したあと、ハチの巣を壊し、矢を抜く。

「五方鬼神舞」の前座は「幣立て舞」。今にも泣き出しそうな翁面《おきな》が、右手に扇をかざし、全身を小刻みにふるわせ、危なっかしい足取りで中央に立てたご幣の周囲を回る。このユーモラスなしぐさにどっと笑いがわく。

翁が退場すると、いよいよ「五方鬼神舞」。木神の象徴・青面を先頭に赤面（火神）、白面（金神）、初登場の水神・黒面。しんがりに黄面が現れ、

〽出雲路や　八雲むらくも　たづくわせて

と祭文を述べる。それぞれ木、火、金、水、土神の精霊たちだ。

ご幣を中心に五面鬼舞がそろい舞い。対峙してご幣を奪い合う。最後は赤面と黒面との争いになり、結局、水神の黒面が勝つ。農耕に水は欠かせない。水神に勝たせたい農民の心情が表れているのかもしれない。

この二つの鬼神舞だけで約二時間の大熱演。フィナーレの「十二人剣舞」の幕引きは午後十一時すぎ。観客は五時間余りに及ぶ〝神人共遊〟に酔い、五穀豊穣を願った。

84

亥の子の石突き
指宿市十二町小田

収穫後の大地閉める

旧暦十月の初亥《はつい》の日は、農耕神の一つ「亥《い》の子神」が帰られる日だという。初亥の日の三日夕、指宿市十二町小田集落（百五十戸）で、子供たちの「亥の子の石突き」がにぎやかに行われた。

午後三時半、公民館に集まった小学生四十人は、子供会長の王子田稔君（一二）＝丹波小六年＝の指導で「亥の日の歌」の練習。この間お父さんたちは、大人の頭を二つ積み重ねたほどの山川石

「チョシトケイ、チョシトケイ」のかけ声で地突きする子供たち

を持ち出し、突き石作り。石のくびれた部分に縄をかけ、これに子供の数四十本もの引き縄（長さ約三メートル）を放射状に通す。

昔は数え年十四歳の少年たちを頭に男の子たちが、五輪墓の上部を持ち出し、自分たちで用意した。五輪墓はもう見かけないが、毎年どこかの五輪墓石が突き石に借用されるので「どの墓石も角の欠けたものばっかりだった」と吉富健蔵公民館長（五七）は昔日を語る。今の石は昭和五十五年に行事が復活したとき、突き石専用に作ったものだ。

引き縄ができ上がったころ、ねじりはち巻きに法被《はっぴ》姿の子供たちが庭に下りてきた。突き石と座ぶとんを持って集落の辻へ。石を中心に扇状に広がって、

〽今夜晩の亥の日のもちを　つかんだ誰《だい》か鬼か蛇《じゃ》か
後の川へゴロゴロ　前の川へゴロゴロ……

と「亥の日の歌」を歌いながら一斉に縄を引く。すると、石は二メートルほど宙に浮く。縄をゆるめると、中央に置いた座ぶとんにドスーンと落ちる。ドンジ突きにそっくりだ。こんなしぐさを何回も繰り返す。現在はどんな小さな路地も舗装されているので、道路を傷めないため、座ぶとんは必需品だ。山川町福元では畳を持ち出して石突きをするとも聞いた。

ひとしきり石を突くと、また他の辻や人家の庭で同様の石突きを繰り返す。かつてはこの日、どの家でも「亥の日もち」を必ず搗《つ》くもので、石突きをしたお礼に子供たちに分け与えた。しかし、現在はお菓子やご祝儀に代わっている。歌詞の中に、もちを搗かない家は「野魔にかまれて死んでしまえ」とか「頭の上にツノが生えたもんよ」と物騒な言葉も出てくる。それほど、もちは亥の日に欠かせないものだったのだろう。

亥の子の石突きは「五穀豊穣と縁結びを祈願する」のだという。そこで思い浮かぶのが小正月行事の「ハラメ打ち」と「モグラ打ち」だ。ともに年の初めに神の化身の子らが、嫁女のお尻や地面を棒やワラボテでたたき、出産を祈る呪術。これが年の初め、すなわち耕作始めにあって、亥の子の石突きを秋の収穫後に行うという、この二極性はきわめて重要に思われる。

年始めに豊穣の呪力を持つ棒で地を開き、収穫後の亥の日にまたたたいて地を閉め、新年の耕作始めまで休眠してもらう——。亥の子の石突きにこんな解釈をつけるのは、うがった見方だろうか。

この行事が盛んだった指宿市でも、今残っているのはここ小田だけになった。

85

田の神講

日置市伊集院町古城

「牛の舌もち」引き合う

四つんばいになり、牛の舌もちを引き合う姿は田の神もおかしかろう

鹿児島県本土に広く見られる石像田の神のまつりを「タノカンコ（田の神講）」という。田の神講は春秋二回、具体的には旧暦二月の丑《うし》の日と、旧暦十月の亥や丑《うし》の日、または同十一月の丑の日に行われる。田の神は元来山の神で、春に田に下って田の神になって田んぼを見守り、秋に山に帰る、という信仰に由来する。人々は田の神の送迎の日にもちを搗き、作神に豊作の願立て、願直しをするのだ。

伊集院町古城の田の神講は旧暦十月初丑の日（新暦十一月五日）の早朝行われた。古城は町東南部の松元町境の台地にある。かつては大根の産地として知られたが、今は一面茶畑が広がる茶どころ。水田は少ないが、村はずれの山の中にポツンと一体、かわいらしい田の神石像が立っている。田中明さん（五五）によると、かつて像は田んぼの近くに立っていた。これが盗まれ、数年後現在地に返されていた。ところがこの年、大豊作だったので、そのまま山中に座したままだという。

古城には田の神をまつる三つの講組織があり、同じ日に別々にまつる。東村の講員は十七戸で、講宿は順番制。ことしの講宿は、原末広さん（三六）が初めて引き受けた。

田の神講にもちは欠かせない。講員たちは収穫したばかりのモチ米五合ずつ供出する。講宿では午前四時ごろからもち搗きの準備を始める。庭にカマドを築き、ウスとキネでペッタン、ペッタンと搗く。この朝は初降霜があり、講員たちは白い息をはずませながらのもち搗きだ。

搗き上がったもちは、丸もちのほか、長さ二十センチほどのだ円形にのばした「牛の舌もち」も二個作る。さらにつぶしてドロドロの小豆が入った大ナベに、搗きたてのもちを手でちぎって入れる。これを「ヌークイもち」という。

もちが搗き終わったころ、講員が原さん宅に集まって朝食会。料理はヌークイもちとみそ汁、ナマスだ。たらふく食べたころ、原さんと来年の講宿の馬場昭則さんが、丸もちの入ったワラットと牛の舌もちを持って、朝露にぬれた山道を田の神石像へめざす。

到着すると、二人は持参したもちをちぎって田の神さあの体にベタベタくっつける。田の神さあは顔も手足ももちだらけで「もう、いっぺ食べもした」と言いたげだ。

もち付けすると、二人は田の神さあの前に四つんばいになって向かい合い、それぞれ牛の舌もちの両端をくわえる。双方くわえたまま引き合う。その格好のユーモラスなこと、田の神さあもつい噴き出しそうな風情だ。

牛の舌もちを引き合う民俗は、農耕神の牛神信仰として、笠沙町黒瀬や枕崎市下園など南薩西部にかすかに残っている。残影が田の神講に取り込まれている点、古城の田の神講は注目されていいだろう。

86 ツト田の神

鹿児島市郡山大東

〝川石の神〟負って田へ

田の神は、全国的に抽象的な農耕神であるケースが多いなかで、鹿児島と宮崎県諸県地方の旧薩摩藩領内ではほとんどが田の神石像を伴う。離島では長島には多く分布しているものの、甑島や種子・屋久はごくまれ。奄美には全く見られない。田の神さあは県本土を代表する最も身近な民俗神だ。

田の神石像をいただくところでは春秋に、門《かど》（藩制時代の氏神集団）、あるいは個人、集落ごとにタノカンコ（田の神講）をする。しかし、薩摩・大隅両半島南部では石像分布は希薄。田の神講のかわりに旧暦十月の亥《い》の日の行事が盛んで、旧薩摩藩独特の田の神石像信仰の発生と伝播を考える上で大きな示唆を与えている。

郡山町本嶽一帯では、田の神像を彫った石像はないが、毎年旧暦十月の丑《うし》の日（新暦十一月五日）、ワラツトに自然石を詰めたものを「田の神さあ」と称し、田の神講をする珍しい民俗がある。入来町境の八重岳（六七七メートル）の山ふところに抱かれた大東集落（十四戸）の田の神講を見る機会に恵まれた。

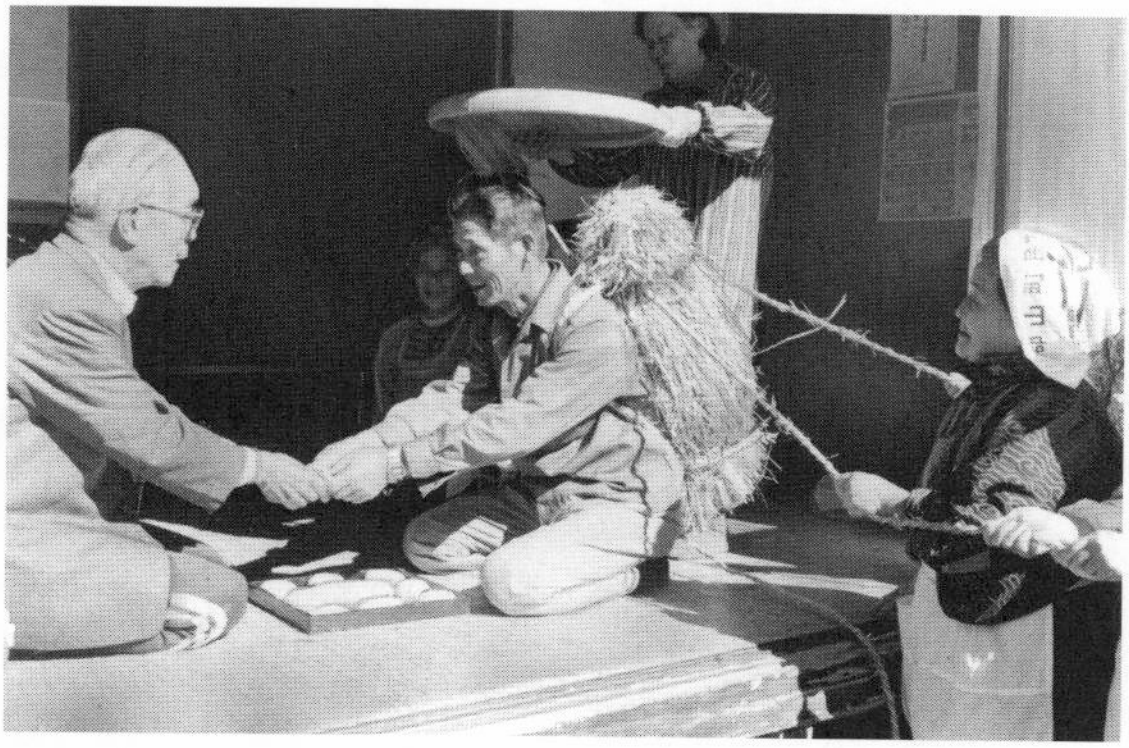

ワラツトの田の神さあを背負い、座元と「牛の舌もち」を引き合う

本嶽の五集落では十年ほど前まで、この自然石田の神を祭る田の神講が行われていたが、現在は全くすたれている。今回、黎明館のビデオ撮影のため、大東の崎山政治さん（七五）宅で十年ぶりに再現された。

早朝、女衆は「神さあを見つけてこんにゃ」と、近くの河原で子供の頭大の川石二個を拾ってくる。ご神体が川石であることは、田の神と水神の関連性を暗示している。一方、庭では加治木岩雄さん（七二）と長尾円さん（五七）が、新稲ワラ二束でツト作り。この間、女衆はイモあん入りやキナ粉をまぶしたもちを搗く。

川石を入れた稲ワラ二束は上下を縄でくくりつけ、髪にあたる穂先はマゲを結い、おんぶできるよう、しょい縄も付いている。

もちが搗き終わると、次の座元役の永尾さんがメシゲを胸に差したツト田の神を背負い、座元の崎山さんと向かいあう。二人の間に置かれた盆には、牛の舌もち二個と丸もち七個が盛ってある。二人は牛の舌もちの両端を手で引き合う。すると、一人の婦人は田の神の頭上にシキに見立てたバラをかぶせ、他の婦人たちは、ツト田の神に付いた二本の引き網を引き、

〽上からユラユラ　下からユラユラ
　一升まき　十三俵

と唱える。この儀式がすむと、ツト田の神を先頭に全員が近くの苗代田に行く。水口に田の神を据え、イボタノキを供えて「来年も豊作になっご」と手を合わせた。

本嶽一帯はもともと、石像はなかったという。そこで注目したいのが「牛の舌もち引き」。民俗学研究家の小野重朗さんによると、これは南薩に見られる古い農耕神としての牛神信仰に通じる。本嶽一帯にもかつて牛神信仰があり、そこに田の神信仰も不十分ながら流入、双方が混在したのだろうか。

87

回し田の神講

大崎町西井俣

〝嫁取り歌〟でお出迎え

「待ちゃげもした」と、田の神さあに供え物をあげて合掌する堂園さん

大隅半島のタノカンコ（田の神講）は、田の神石像を春秋の二回、講員宅へ回して祀る「回し田の神」が盛んだ。

大崎町西井俣三班の秋のタノカンコは、旧暦十月最後の丑《うし》の日（新暦十一月二十九日）。三月から約八カ月間、田の神さあを自宅に引き取っていたのは竹安重信さん（五六）。朝夕、家族の一員として大切に祀ってきただけに、竹安さんは娘を嫁に出す父親の心境で、田の神さあに化粧を施して別れを惜しんだ。

ここの田の神像は高さ約七十センチ、重さ約六十キロの凝灰岩の丸彫り。大きなシキをかぶり、右手にはスリコギを持ち、大きなメシゲを左にからっている。ほおや口元をゆがめ、複雑な笑い顔。着衣の胸をはだけて、胸はろっ骨が露出、おヘソ丸出しで、たてヒザをついている。おシリをまくる姿は泥くさく、なんともユーモラスな姿だ。ヒョットコようのゆがんだ顔、露出したろっ骨、たてヒザ姿の田の神石像は、この地方の特徴だ。

竹安さんはこの田の神さあを一輪車に乗せ、次の講宿の堂園明さん（四五）宅へ。かつて田の神を送る時は「立つぞ　立つぞ　今こそ立つぞ……」と〝送り歌〟で別れを惜しんだという。

堂園さん宅では昼からごちそうを作り、田の神さあの到来を待つ。初冬の落日が高隈山系に没するころ、竹安さんが「よか嫁女を連れてきもした。もろくるっどかい」とやってきた。〝嫁女〟の来訪を今か今かと待っていた堂園さんは「三国一の花嫁じゃ」と大喜び。〝花嫁さん〟を抱きかかえて床の間へ。さっそく吸い物やにぎり飯、刺し身など供えて歓待した。

午後七時ごろ、十六軒の講員たちが「嫁女がきやしたなあ」と、堂園さん宅へ〝嫁取り祝い〟にやってくる。酔いが回るほどに田の神さあ談議に花が咲く。堂園初さん（七九）によると、この田の神さあは七十年ほど前までは、近くの小原田の田んぼに立っていたのをかついで持ってきた〝オットイ田の神〟だという。一時、民家の庭に放置されていたが、この家で不幸があったので、占ってもらったら「田の神さあを粗末にしている」と注意され、それから回し田の神講をするようになった。一般に盗んだ田の神は、数年後に元の場所に返すものだが、返さずに所有し続けているのも珍しい。

座がのってきてナンコが始まった。と、古老が、

〽もろた　もろたよ　よか嫁もろた
二度と帰さぬ　このふるさとへ……

と、〝ゴゼムケ歌〟を朗々と歌いだした。大隅半島の回し田の神講でよく歌われるが、若い人たちは「そんな風習があったのか」と感心しきり。あとはカラオケが持ち込まれ、夜遅くまでにぎやかな嫁取り祝いが続いた。

西井俣では、田の神さあは旧暦二月丑の日に高隈山から田に下りて田を守り、旧暦十月丑の日に山に帰って畑の神になる、という。

88 オコゼ供犠
薩摩町宮之城泊野

豊猟を約束する呪術

宮之城町泊野は町の北西端、紫尾山ろくにある山村だ。ここに、弓の名人俵藤太を祀る現王《げんのう》神社がある。一見さびれた小さな社だが「豊猟の神」として一部の猟師は今も崇拝している。例祭日は毎年十一月二十四日。神官が祝詞をあげる間、参拝者は境内で生竹を燃やして、神官めがけて煙をあおり、いぶす、という珍しいまつりだ。

宮田さん宅に保管されているオコゼ。ミイラ化し、ウロコはない

現王神社のすぐ近くに住む宮田秀明さん（六二）宅は、昔から「犬つきの家」といわれ、長さ十センチほどにミイラ化したオコゼを家宝として大事に保管している。宮田さんの姉チルさん（七三）によると、「犬つき」とは、狩猟犬を司る家のこと。オコゼは四代前から受け継いでいる。

一般に猟師仲間では「山の神はオコゼが好きで、シシ（イノシシ）獲りにオコゼを持っていくと、よく獲れる」と信じられている。そこで、紫尾山系の猟師は、宮田さん宅のオコゼを借りて、現王神社でシベを切って猟に出掛けた。

現在、宮田さん宅のオコゼは、真綿にくるみ、キリ箱に納めているが、かつては幾重にも和紙でくるみ、化粧道具箱の底に大切に保管、子供たちには決して見せなかった。昔はシシが一匹獲れると、ウロコを一枚はいで現王神社へお礼に納めるものだった。オコゼにウロコが一枚もないのを見ると、この狩猟習俗はかつてかなり盛んだった呪術のようだ。しかし、狩猟がスポーツ化した現在、宮田さん宅にオコゼを借りに来るハンターはほとんどなく、時たま民俗研究家が訪れるだけ、という。

オコゼはカサゴ科の海魚。美味だが、頭はデコボコしてグロテスクな形相をした硬骨魚。醜いもののたとえに使われている。その魚がどうして猟のお守りになるのだろう。「山の神はオコゼを好み、喜ぶ」という信仰は、南の島々を除いて全国的にみられる。

山の神は女性で「オコゼの姿、形が男性の象徴に似ているため」とか、「山の神は醜女《しこめ》で、自分より醜いオコゼを見て喜ぶ」などの俗説がある。だが、鹿児島大学の下野敏見教授が指摘（『ヤマト文化と琉球文化』）しているように、オコゼの姿は、どう見ても男性の象徴には見えない。

そこで注目したいのは、陸の神（山の神）が海中の生物を好み、それを献ずることで陸の豊猟を約束する――というモチーフだ。このモチーフは『日本書紀』にも登場する。すなわち、允恭《いんぎょう》天皇が淡路島で遊猟したとき、不猟だったので大アワビを島の神に供え、豊猟を確保した、という古事だ。

これは、山と海という異郷間の交流によって豊穣を得るという古代日本人の考え方が読み取れる説話だ。こうした異郷のものも供犠する習俗が古くからあり、その後、山の神の形状が一般化して、これと対照的な海のオコゼと結びついていったのではなかろうか、とも思う。

89

千匹塚

伊佐市大口田代

射止めた猪の霊弔う

県道菱刈・出水線の大口市宇津良隧道入口に、高さ一メートルほどの地蔵像が立っている。一見、交通安全地蔵に見えるが、近寄ってみると、台座に「山ノ神」と刻している。さらに「猪四八三頭射止め」と書いてある。これが猪を千匹射止めた猟師が立てた猪供養の「千匹塚」だ。建立者は大口市田代の大山末男さん（八一）。

シシ千匹の霊を供養する「千匹塚」（大口市宇津良隧道入り口）

大山さん宅は千匹塚から約四キロ下った山合いの小川沿いにあった。居間に入ると一瞬、ギョッとする。部屋の鴨居は四方ぐるっと猪の下アゴ骨が二重にぶら下がっているのだ。鹿の頭のはく製も交ざっている。その数百二、三十。「五百近く持っていたが、皆、人にあげもした」。大山さんは、こともなげに言う。

「鹿は初矢、猪は留め矢」という猟師言葉

がある。鹿の角は最初に矢を放った人が、猪の頭はとどめを刺した人が手にする権利があるという意味だ。しかし、大山さんは「シシは一番ダマ、カノシシ（鹿）は射止めた者」と、全く逆だという。地方によって狩り習俗が違うのだろうか。いずれにしても鹿の角や猪の首は、猟師の名誉の象徴ではある。

シシ猟にはワナ猟にみられる「一人狩り」と、グループ猟の「同士（共同）狩り」がある。三十代から七十四歳までシシ狩り一筋に生きた大山さんは、一人狩りが主流。同士狩りの部分を含めると「千匹は射止めもした」というベテランだ。大山さんの猟場は薩摩、伊佐郡から県境を越えた人吉地方が中心で、シシ道に五、六十から百近いワナをかけて、一日四十キロは歩いた。獲物の最高は百五十キロ級の大物で「六人でかついで、やっと運べた」と胸を張る。

猟師は信心深く、「オコゼを持っていくと猟がある」「男性の象徴を出すと、女性神の山の神が喜んで猟に恵まれる」などの俗信がある。だが、大山さんは「シシから場所を習え」をモットーに、経験と勘に頼り、〝まじないごと〟は一切しなかった。

それでも獲物を解体する時は、肺四切れと心臓三切れを竹くしに刺し、

〽山の口三万三千三百三十三体、山の中……、山の奥……
合わせて九千九百……山の神にあげます

と〝三づくし〟の唱え言をして、山の神への供犠儀礼は欠かさなかった。大口地方では「シシ百匹獲れば、山の神をまつらねばならない」といわれている。これが一般にいう「千匹塚」。いったん塚を作れば以後、猟をやめねばならぬオキテがある、ともいう。高知県の山間部辺りでは「九百九十九匹が限度。もしそうしないと、千匹目には必ず怪異にあう」と信じられているので、千匹塚の由来もここらあたりにありそうだ。

大山さんは、百匹で猟をやめたくなく、塚は作らなかったが、足腰が衰え始めた七十四歳の昭和五十三年、通い慣れた宇津良隧道に地蔵像を立て、ホイどんを呼んで供養し、四十年余の猟師生活にピリオドを打った。

90 土地開いた先祖供養

キイアケドンまつり

薩摩町鶴田神子

川内川中流域の薩摩郡一帯にキイアケドン（切り開け殿）という古い石塔がある。集落を切り開いた人を祀る石塔だといわれている。

鶴田町神子《こうし》は、切り開け殿が特に集中して存在しており、高嶺、串下、柳野、大野にそれぞれ一基ずつ見られる。高嶺は高嶺（二十一戸）を中心に西園（三戸）、前園（四戸）、栗牧（二戸）、上園（四戸）の五つの門《かど》（藩制時代の同族集団）があり、この五つの門で切り開け殿を祀っている。

高嶺の切り開け殿は、大五輪塔二基で、今は公民館の隅にある。かつてはすぐ下のタブやエノキの古木の下にあったが、十二年前に現在地に移された。かつては「祟《たた》りやすい神様だ」と恐れられ、人々はめったに近づかなかった。

雨の夕暮れ、集落を開いた先祖の霊を慰めるキイアケドンの神祭り

現在は近くに住む高嶺正光さん（六八）が中心になって毎年十一月十三日に神祭りをしている。ことしは公民館を新築中で、講は落成祝賀会を兼ねて催すことにし、同日夕、神職を招いて神事だけを行った。雨の中、代表五人が参列、玉串をささげて遠い先祖の霊を慰めた。

高嶺の開拓者はだれだろう。宝塔には「永徳武生戒秀玄禅門」と刻字がある。古石塔を研究している近くの大野弘さん（六一）は「今から六百年前、出羽の国（秋田県）からやってきた斑目泰基じゃないか」と推論している。一帯はかつて日本一のシイノキの産地で、川内川の瀬も多く「山や川の恵みが豊かで、開拓するにはもってこいの地形だったのだろう」と大野さん。

民俗学研究家の小野重朗さんの『民俗神の系譜』による

と、切り開け殿は鶴田、宮之城、薩摩町の十一基と、南薩の大浦町榊の一基が確認されている。また、切り開け殿とは呼ばないが、集落名に「ドン（殿）」をつけ、集落を開いた人を祀る石塔は、切り開け殿の分布地帯に接して川内市まで十一基あり、小野さんは「切り開け殿と同性格のもの」とみている。

これらの祀り時は、高嶺のように霜月祭りの場合と、宮之城町虎居字一ツ木の切り開け殿に見られる旧暦七月のお盆前後に祀る例とに二分される。小野さんの報告だと、一ツ木の場合、太鼓踊りを奉納し、南種子町広田のお盆の「石塔まつり」のように、戦前までは盛んに水施餓鬼《せがき》をした、というから、切り開け殿は墓碑的な要素を持っていることがわかる。一方、高嶺のように十一月に祀るものは、ウッガン（内神）祭り的だ。そこで小野さんは「切り開け殿は精霊から内神への昇華の過程をたどってきた」という。

切り開け殿と同じく「祟りやすい」という伝承を持つものにモイドン（森殿）がある。樹木を中心とした聖地だが、これも切り開け殿と本質的に同一の性格とみられる。樹木を中心とする点、森殿の方がなんとなく古めかしいが――。

91

ウッガンサアまつり

鹿児島市喜入町久保園

混とんとした守護神

“オキンカエ”をすませ、ワラおけに納まったウッガンサア

鹿児島の旧家の屋敷内や屋敷近くには、丸みのある自然石をご神体とする小さな祠《ほこら》が祀られている。これが俗にいう「ウッガンサア」で、旧暦の霜月（十一月）は、「ウッガンマツイ」「カンマツイ」あるいは「シモツキマツイ」などといって、「ウッガンサア」のまつり月になっている例が多い。

指宿市境の喜入町久保園（二十五戸）のウッガンマツイは新暦十一月十日。かつては順回りの講宿で行っていたが、近年は各家庭のご神体を公民館に集めて行っている。

主婦らは米二合ずつ拠出、庭の大釜《かま》で鶏ご飯などの料理づくりに大忙し。鶏ご飯は、地鶏の肉入りのザラメで味付けしたたき込みご飯で、この地方のウッガンマツイには欠かせないごちそうだ。

久保園竹次さん（五九）ら男衆は神職とともに、持ち込まれたご神体のオキンカエ（お衣替え）やご幣きりに余念がない。ご神体は十五体。木製の小祠のものやワラット、ワラおけなどご神体の入れ物はさまざまだ。ご神体は古びた紙の衣をまとっており、これを脱いで新しい和紙の衣を着せる。すっかり化粧直しがすんだご神体は、舞台にズラリ並べられ、神職の祝詞を受ける。一方、代表は近くの久保園神社に参る。昼は全員で鶏ご飯をいただき、それぞれのウッガンサアをお供えして家路についた。

ウッガンサアは薩摩、大隅半島を中心に、宮崎県の諸県地方に広く分布する最も身近な民俗神。南の島々にはみられない。県本土でも在（農村）と旧郷士が住む麓《ふもと》には多いが、港町の浦や町（商業地）ではあまり見かけない。

県内の郷土史の表記を見ると、「内神」に統一したもの、「氏神」とするもの、両方が混在する本などさまざまだ。

鹿児島弁による表記の混乱と思えるが、民俗学研究家の小野重朗さんは「ウッガンは〝内神〟のこと。神そのものの性格を表す言葉でなく、門《かど》や屋敷、家の内の意味で、祀る場所を示す言葉」（『民俗神の系譜』）とみている。久保園の人たちは「家の守護神」と意識しているが、その性格は今一つはっきりしないのも事実だ。

そこで小野さんは、内神に対する「外神」の例を二つ上げている（同著）。一つは平地の古木をご神体として祀り、たたりの強いといわれる「モイドン（森殿）」、もう一つは「山の神」だ。小野さんは、森殿と内神の関係を「死霊や御霊《おんりょう》的な影が濃い森殿が、死の穢《けが》れと恐れを払い落として門の内に入り、内神になった」と、祖霊・祖神信仰の発展と変化を説明する。つまり「荒ぶる神」から「温和な神」へと変遷したのが内神というのだ。小野説は学界の定説ではあるが、今なお一部に「氏神」の可能性大との主張もあり、まだ混とんと未知のベールをかぶった民俗神ではある。

92 ドドンまつり

南九州市川辺町庭月野

「内神のルーツ」に暗示

川辺町庭月野（三十二戸）は、ウッガン（内神）まつりを「ドドンまつり」と呼び、新暦十二月三日に行う。ここのまつりには以前、「山ン神下り」といって、山の神を迎える行事が伴っていた。混とんとして未知な部分の多い内神のなかで、その性格をさぐる一つのヒントを与えている。

庭月野は国道225号線沿いの枕崎市境にある。平家落人伝説があり、集落全戸が「庭月野」姓を名乗っている。口伝によると、先祖たちがこの地に落ちのびたのが旧暦十二月二十九日夜。真っ暗やみに仮屋づくりもままならず困り果てていると、突然東の空に月が昇り、庭一面こうこうと照らした。「やみ夜に出るはずのない月が出るのは天の加護」と、狂喜した一族は地名も姓も「庭月野」と名付けた。

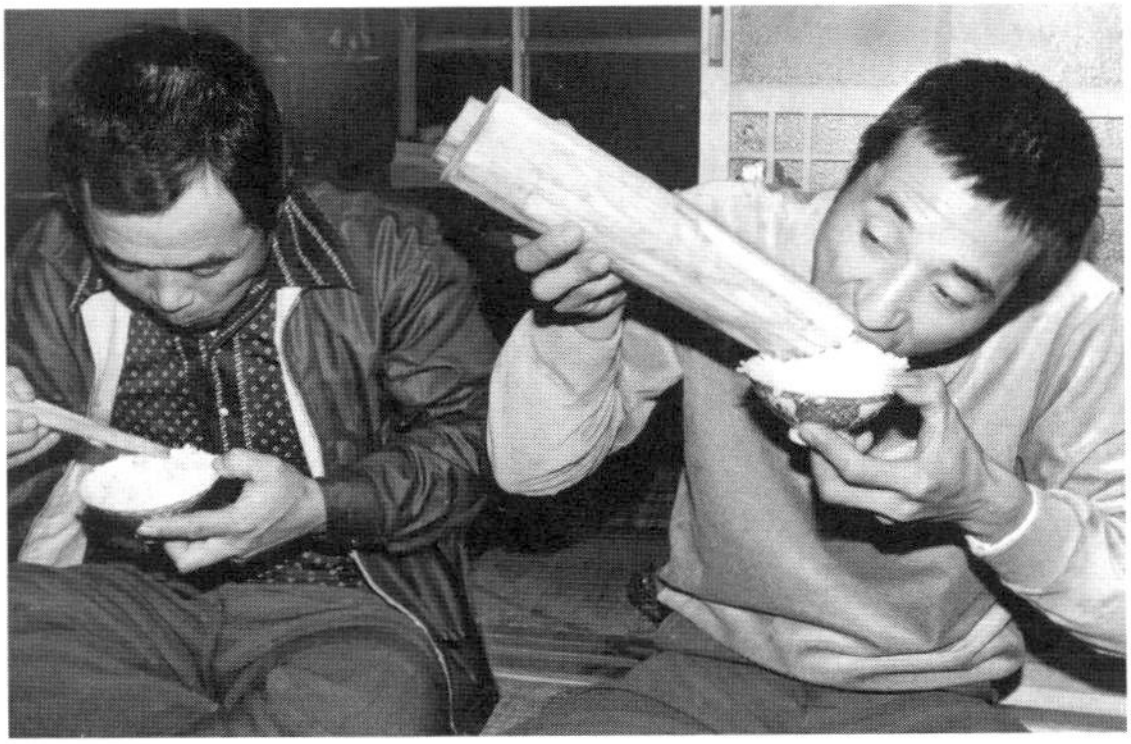
講入りの“荒行”に挑戦する道広さん

まつりは各戸順送りで行う。ことしの講宿は、庭月野光明さん（五四）宅。各戸から米二・五合を集め、五日前に麹《こうじ》を寝かせて甘酒を仕込む。当日は、ネシュと呼ぶ四軒が料理当番。また庭月野登さん（六一）と庭月野次男さんはワッ（脇）という配ぜん役だ。

料理が出来上がった午後二時過ぎ、乙名家（門《かど》のリーダー宅）の庭にあるドドン（堂殿）で神事。堂殿は内神を祀《まつ》った小さな社。まつりの名前もこの堂殿に由来している。さらにかつての水くみ場の水神に参り、直会《なおらい》に、供物のシトギとマンカイ（赤飯）をいただく。

五年前に見学した時は、これら神事の前に「山ン神下り」があった。男衆だけが裏山に行き、神木のクスノキに注連縄《しめなわ》を幾重にもかけ、シバを寄せ立てる。周りでは火をたき、青竹をくべる。竹の節がパン、パン弾ける中、甘酒など回し飲み、山の神をお供して山を下りたものだった。観察した民俗学研究家の小野重朗さんは「山の神が里に下りて内神になる過程を示す貴重な実例」と教示した。堂殿には山の神を合祀しているというから、小野説は道理にかなっている。

講の料理はサバと大根のナマスと煮つけが欠かせない。飲み物は甘酒だけで、焼酎は一切出さない。講員が円陣を組んで座すと、ワッの二人が左右から甘酒をついで回る。二人のワッがかち合った人は一年中運がいい、といわれ「はよ回れ」「もっとゆっくり」と大騒ぎ。

腹いっぱい食べたあとは「かけ飯」。ことし新参の庭月野道広さん（二九）のぜんには、長さ約四十センチ、直径六、七センチもあるたき木ようのものが二本ある。特大ハシで、新参者はこれでご飯を食べるしきたりだ。衆目注視の中、道広さんは飯わんにジャンボ・ハシを突っ込み、先端に付着したご飯をなめるようにたいらげた。顔はご飯つぶだらけで会場は爆笑のうず。悪戦苦闘の末、道広さんは晴れて講の仲間入りを果たした。

93 山まつり

長島町唐隈

山の神とナンコ競う

天草や長島では山ン神まつりを「山まつり」といい、今も集落単位で行っている。まつりの日は、天草が旧暦十一月初丑《はつうし》。長島は丑の日と申《さる》の日のうち早くきた日。ことしは初申の新暦十二月六日だった。

山の神の性能は複雑である。原初的には猟師やキコリなど山中生活者の職能神とみられるが、時

山中で山の神とナンコをする岩永さん

代とともに里に下って作の神にも意識されている。内神のルーツともみられている。神性も古い〝荒ぶる神〟からやさしい生活守護神に変化している。

長島の山の神は、いまでは生活神的性格が強く意識され、里の近くの森の神木を祀る例が多い。その中で長島町唐隈の山の神は、集落を見下ろす通称〝朱の花どん〟の大きな岩だ。白ギツネが集落にある十五社どんからこの岩に使いにきたので、この岩をご神体にした、というい伝えがある。

例年、山まつりの日は、荒天が多いが、この日はポカポカ陽気。岩永正己さん（七三）ら四人は、この岩にシメを張り、コメと塩、シトギなど供えた。ここまではどこも似かよっているが、唐隈はこのあと山の神とのナンコが行われるのが特徴。

岩永さんは、神前の杯にアマゴスィをつぐ。甘酒に焼酎を混ぜた乳白色の酒。かつてはふかし麦のしぼり汁と焼酎をまぜた麦酒だった。「山ン神さあとナンコをしもそ」。岩永さんは岩と対峙し、手を後ろに回す。「ホイ、来た！」の掛け声で握りこぶしを前に出す。長考の末「げたん歯！」と叫び、手を開く。岩永さんは二本。山の神も二本とみた。「山ン神の勝ちじゃ」。岩永さんは杯を一気にあおる。

勝負は延々と続くが、三回に二回は山の神の勝ち。岩永さんが勝つと、岩にアマゴスィをぶっかける。アマゴスィは一・八リットル入っており、空にして山を下るオキテ。酒好きにはこたえられないが、下戸は大変だ。

山中で神とナンコを楽しむ間、もう一つのグループは運動広場下の神域にシメを張りめぐらし、神棚の片ワラ屋根を葺き替える。神棚には矛を中心にシトギもちの入ったワラット、箸二十七本、にぎり飯二十七個、ゴク（赤飯）など供える。神棚から一段下の広場ではたき火をたき、シトギを焼いて食べる。かつてはここで相撲をとった。

〝ナンコ組〟が帰ってくると直会《なおらい》。ナマスなどの料理は、男だけで作ったが、今は女性も手伝っている。直会がすむと、シトギ入りワラットを各自の田んぼの水口に供えて祈る。

唐隈の山まつりの特徴は、①まつり場所が山中と里の神棚の二カ所ある②神域の木を切るとたたりがある③相撲をとった④女人禁制だった⑤シトギを水口に供える――などで、山の神の〝荒ぶる〟神性が、作の神へ変化する姿を如実に見せてくれる。

94

フイゴまつり

南さつま市加世田小湊

稲荷信仰漂わす口伝

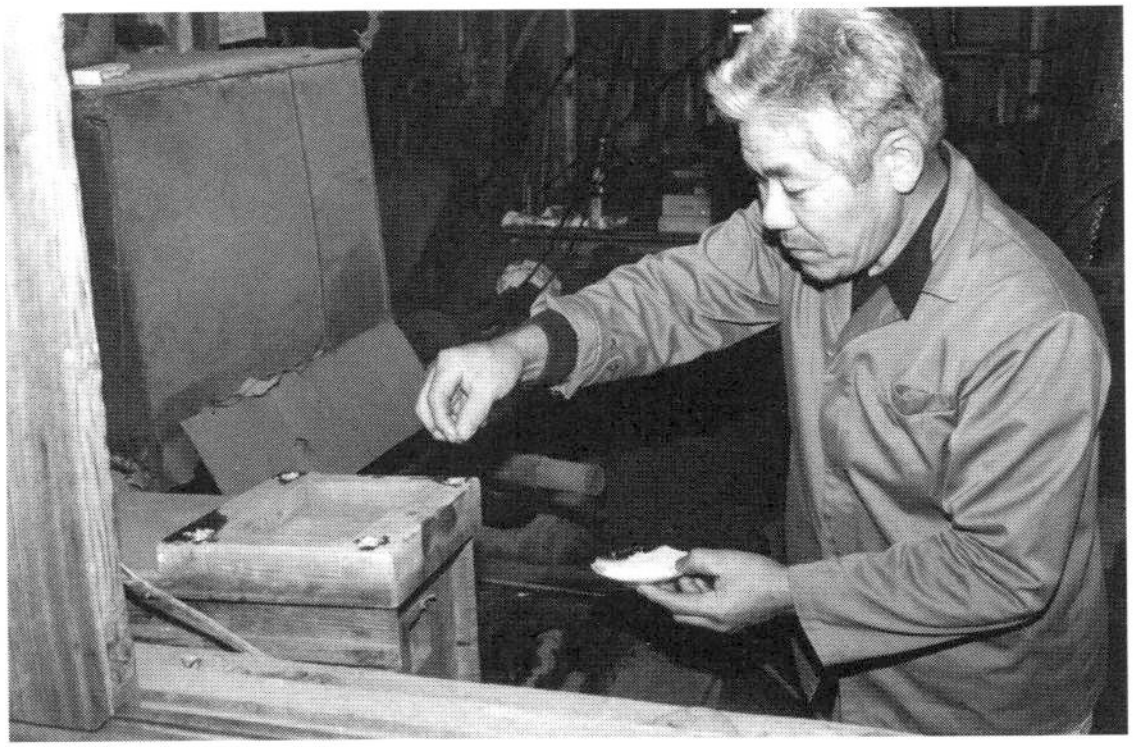

ホコリを落としたフイゴにコメ、塩を供える阿久根さん

鍛冶屋は古来、宗教的性格を強く持ち、神事や禁忌が今も強く存在している。鉄を扱う特殊な職能集団だけに、鉄の呪力に、民衆は特別な感情で彼らと接してきた。とりわけ鹿児島では旧郷士一族の職能集団が多く、人々は鍛冶屋に畏敬の念を持っていた。

鍛冶職人に今も神聖化されているのが、金属を溶解・鍛造するための火に風を送る装置のフイゴ。旧暦十一月八日はフイゴを祀る日で、「加世田鎌」の産地、加世田市小湊・屋敷集落の七軒の鍛冶屋では、新暦十二月八日にフイゴ祭りを行っている。この道四十六年の阿久根丈夫《ますらお》さん(六〇)の鍛冶場をのぞいた。

早めに仕事を終えた阿久根さんは、火床から古びたフイゴを取りはずし、庭でホコリを払う。戦後ずっと愛用して

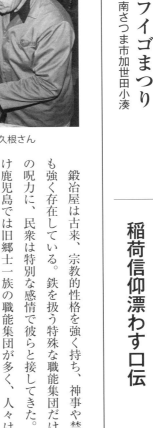

いる。コー（取っ手のついた大型弁）を抜き取り、すり減ったダンザ（タヌキ）の皮を張り替える。『日本書紀』には「シカの皮を丸はぎして天羽鞴《あめのはぶき》（フイゴ）を作った」とある。正徳二（一七一二）年の『和漢三才図会』には「鍛冶屋はみなこれを用い、タヌキの皮が上等」とあるから、フイゴの歴史はかなり古い。

修理し油を引くと元の場所におさめ、コメ、塩を四隅に盛って拝む。フイゴは翌朝まで寝かせ、夜は家族だけで簡単な祝宴をする。かつては親類、知人を呼んで盛大に祝った。

阿久根さんはまつりの由来を説明する。昔、フイゴの風が全く出ないばかりか、一匹のキツネが周りをうろついた。怒った主人はキツネの皮をはいだ。すると、風が出て火が起こった――。鍛冶屋の職能神の一つである稲荷（キツネ）信仰と関連ありそうな口伝だ。

鍛冶屋のもう一つの職能神が金屋子神《かなやごしん》。小湊でも新暦十月一日、七軒の鍛冶屋が講宿を決めて金山講《かなやまこう》をしている。金屋子神を描いた掛け軸を掛けて男だけでする講。「神は女神で女をきらう」という伝承は山の神信仰的でもある。

鍛冶屋のもう一つのまつりは、正月二日の「二日カセッ（稼ぎ）」。屋敷の鍛冶は早朝に鎌の型を作り、火床近くの柱に打ちつける。昔は初注文ものを打ち、仕上げると仕事をやめ、客と宴会をした。

加世田鍛冶は、郷士の内職として始めた船釘、家釘作りが起源。明治に入ってダンクッ（洋釘）が流行して一時衰退。明治二十年ごろ鎌生産に切り替えてからまた持ち直した。全盛時代の大正年間は集落の九割近い二十七、八軒が鍛冶屋だった。戦後もピーク時は十五、六軒あったが後継者が育たず、伝統産業もジリ貧状態。だが本物志向と、そのキレ味のよさが見直され「みやげ用の包丁セットの注文などがよくきます」と阿久根さん。

95 火の神祭り

指宿市山川成川

原初的な霜月まつり

火の神は、火をつかさどる神、火伏せの神としての愛宕神や秋葉神が知られている。家々の煮炊きをする火所、すなわちカマドやイロリに祀られる火の神はより身近で古風な家の神だ。近年、ガスや電気の普及で火の神を祀る家庭は少なくなったが、山川町成川・永田集落の大川忠愛さん（六六）はただ一軒、隔年ごとに珍しい「火の神まつり」を伝承している。

大川さん宅は大川門《かど》の乙名どん屋敷で、島津斉彬が投宿、自筆の掛け軸を家宝にしている旧家。奇数の年の旧暦十一月九日にウッガン（内神）まつりと火の神まつりを、偶数年はウッガンまつりだけを行っている。ことし（新暦十二月十日）は二つのまつりが行われる年。大川門の内神は忠愛さんの屋敷畑にあり、夕方に祭典があった。

内神まつりが終わると、忠愛さんは紙に火の神四神名を書いた板、表面にワラの小さな御簾《みす》を台所柱に掛け、アワの一穂を入れたツトを掛け置く。ツトは月の数だけ十二しばりにしている。

下には箕《み》の上にふたまた大根、赤飯、コモ巻きのたて杵などをのせておく。これらを祭壇にして神職が祝詞を奏するが、注目されるのはその後の儀礼だ。

神事がすむと、妻のノリエさん（六〇）が大根などの入った箕を、忠愛さんはコモ巻きの杵をささげて自宅納戸へ。神職が納戸を開け、箕、杵の順で中に納める。これをメコン（舞い込む）という。民俗写真家の鶴添泰蔵さんは「霜月にコモ巻きの杵を納戸に納める民俗は、長崎県吉井町の〝お蔵入れ〟そっくりだ」と語る。

「コモ巻き杵」などを納戸に納める大川さん夫妻

納戸に隠しておいた品々は三昼夜そのままにしておく。かつては、隠した品々は近隣の人たちを呼んで食べてもらうものだった。民俗学研究家の小野重朗さんは「この形式の火の神まつりをする家は、かつて成川に数軒あった」と報告している（『民俗神の系譜』）。

忠愛さん宅の霜月まつりは、内神まつりと火の神まつりのほかに、もっと古風な習俗が隠されているようだ。アワの穂もご神体の一つとしているところを見ると、全国的に見られるカマド神（火の神）が作神と同化した収穫儀礼をも兼ねていることはわかる。

なぜ杵などを納戸に隠すのだろうか。小野さんは、成川や黒島、長崎県などの例を考察して『鹿児島民俗七十七号』の「霜月カマドまつり小論」で、この疑問を解明している。

要約すると、一年の農耕始めのまつりが「二月まつり」で、対応する農耕終わりのまつりが「霜月まつり」。収穫のまつりがすむと、一年間使った農機具類は、原初的には焼き尽くすものだった。その後、焼くのに抵抗を感じ、納戸に隠して寝かせるようになった。

万物は冬を迎えて死滅し、正月を過ごして新生するのだろう。

「かごしま民俗ごよみ」連載を終えて
誇るべき郷土の文化——早急な記録保存の必要

鹿児島は民俗文化の綾錦《あやにしき》——。縦糸をヤマト文化とすれば、横糸は南島文化。大陸文化も織り込まれ、日本文化に異彩を放っている。郷土の風土と人情は〝民俗の心〟がはぐくんだ。だが珠玉の綾錦も年々色あせていく。「かごしま民俗ごよみ」の連載を終え、民俗の現状と課題を考えてみた。鹿児島で季節の折々に行われるまつりや年中行事は数限りない。滅びゆくもの、復活されるもの、観光化した新たなまつりも続々生まれている。

昔ながらのまつりや年中行事は「なぜするのか」「どうして……」などの民俗の由来や伝承が忘れられ、途絶えがちだ。民俗の起源や意義、地域特性など、民俗学の学問的到達点や過去と現在の行事の様態の違いに留意しながら、前年（一九八五年）の「かごしま母と子の四季」を含めて県内約七割の市町村を回り、まつりや歳時習俗を拾った。

地域共同体の核

鹿児島の四季は豊かなまつりや年中行事で彩られている。ほぼ全国共通なもの、鹿児島本土独特なもの。南島色の濃いものが、濃淡の差を残しながら今なお、細々と守り継がれているのだ。

鹿児島本土独特のものは、南薩の十五夜綱引きやソラヨイ、加治木のクモ合戦、垂水や喜入のコマトイ、全県的な六月灯、内神まつり、さまざまなトッ（時または斎）のまつり……と数え切れない。南島的なものも、奄美のアラセツ行事やウムオ・オホリ・アラホバナなどのノロ（祝女）のまつり、カネサルまつりなど多彩だ。これらは、日本の民俗文化の基層をなすもので、県民が誇るべき郷土文化といっていい。

学問的な意義だけではない。民俗に関わる人たちが神々を介して自然を畏敬し、自然とともに生きる姿は、欲望のために自然を破壊してやまない、現代文明への反面教師でもある。民俗行事を求心点に地域共同体の連帯意識を深め、感謝と思いやりの心をはぐくんでいる姿も、これからの地域社会のあり方に一つの示唆を与えている。

社会変容の影響

だが、民俗は近年急激に変容、衰退している。農耕と結びついた豊穣を祈るものがほとんどだが、社会・産業構造の変化の波をもろに受けている。

歳時習俗などにはそれを行う由緒正しい日があるが、勤め人がふえて旧暦が新暦に、さらにそれに近い日曜日に、と変化してきた。日の変更はよいとしても、農業の機械化で田植え上がりのサナボイや稲刈り後のニワアガイなどほとんど見かけなくなった。ガスや水道の普及で家々の火の神、水神もほとんど姿を消した。国の減反政策でコメを全く作らなくなった名瀬市大熊では、アラホバナに必要な稲穂を隣の龍郷町秋名からもらい受け、取材時点は何とかまつりを続けていた（追記／奄美のノロ行事はノロの他界などで、二十一世紀になってほぼ消滅してしまった）。

男の子だけしか参加を許されなかった子供の習俗は、過疎化で女子も参加。昔ながらの禁忌が崩れているケースも多い。高山町鳥越のコタコンや喜入町帖地のカッサドッなどである。子供だけでない。女人禁制のおきてで知られる、長島町川内の山まつりなど今では逆に女中心のまつりに。その是非はともかく、民俗変遷の生きた見本になっている。

奄美市名瀬大熊町のノロ祭礼「アラホバナ」。手に持った稲穂は隣町から手に入れて祭りを実施していた

大切な民俗の心

今、民俗や民俗学のブームだといわれる。県内でも民俗芸能を中心に民俗の復活の波がみられる。物質文明が進めば進むほど精神生活にむなしさが漂う。この心の空虚を満たそうと、私たちは民俗に心のふるさとを発見するのかもしれない。

民俗芸能が地域共同体の接着剤や村おこしの核にな

るとすれば、それなりに現代的意義はあろう。しかし、民俗芸能に託した先人の心を忘れ、形だけの伝承であれば、魅力は半減する。

民俗はその土地、風土の中で祀られ、演じられてこそ味わい深い。土の香りのない都市の舞台や催し場の民俗芸能や田の神像がサマにならないのは当然だろう。

民俗はいったん衰退し始めると消滅は早い。民俗学研究家の小野重朗さんと、樋脇川独特のアユ漁のスワ場を取材に行ったときのこと。四、五年前まで四、五基あったのに、もう完全に姿を消していた。住民に民俗の重要性を理解してもらうと同時に、県内の民俗学研究者や各市町村教育委員会の手で、早急な記録保存を切に望みたい。

番外編

【番外編　1】

田の神さあ（上）

田の神さあは、郷土の田園で見かける野の民俗神。お地蔵さんのように田んぼの片隅に立っているもの、座っているものもある。おどけた顔や笑った顔、怒ったのもある。彫りは稚拙だが、見る者に、農民の信仰の深さと豊穣への願望の強さを感じさせる。しかし、いつ発生し、なぜ南九州だけで信仰されているか、あまり知られていない。

現状と発生

ルーツは十八世紀初頭

田の神像は旧島津藩内だけの特異な農耕神。現存する田の神像は、二千十八体（うち千三十体は宮崎県諸県地方分）が確認されている。しかし、串木野市生福から冠岳にかけての民家の床の間に安置した小型の田の神像（夫婦一対のものが多い）もかなりあり、他の個人所有の像を含めると、鹿児島県内だけでも二千体近くありそうだ。

田の神像は県本土に広く分布しているが、薩摩、大隅両半島南部や甑島、種子島・屋久島など離島は希薄。奄美には独特の稲霊《いなだま》信仰はあるものの、田の神像は全くなく、農耕文化の違いを示している。

豊かな姿態

田の神像には大きく分けて仏像型と神像型があるが、時代により、所によって形は様々で、地蔵像などのような定型がない。シキをかぶり、メシゲやスリコギを持つのが特徴だが、これも必ず持つというものではなく、千変万化といった感じ。像を背後から見れば、程度の差はあれ陽物そっくり。田の神信仰の根っこには、陽物を立てて実りを祈る原始的信仰があることがわかる。

社会・産業構造や住民意識の変化などで近年、農耕民俗は急速に変容、衰退しているが、田の神像の製作は昭和に入っても盛んで、昭和五十年代に製作した石像もある。

田の神をめぐる習俗や芸能も盛ん。あぜ道や路地に立つ田の神像には花シバの献花が絶えないし、春秋の田の神講や神社での田の神舞もよく見られる。講のやり方も、宿から宿へ田の神を移してやる回り田の神講があり、志布志町一帯では田の神像をゴゼムケ（嫁迎え）歌で送り迎えする。鹿屋市一帯では、結婚式場に青年たちが、田の神像をかつぎ込んで花婿の前に供える「田の神供え」の風習がみられる。花嫁が田の神像のように、よく腰を落ち着けると信じられる。翌日、新郎新婦は二人でかつぎ、元の場所に返さねばならないなど、ほほえましい光景も。田の神をめぐる民俗は、

郵便はがき

料金受取人払郵便

鹿児島東局
承認
045

差出有効期間
2022年8月
24日まで
切手を貼らずに
お出し下さい

892-8790

168

鹿児島市下田町二九二－一

図書出版
南方新社 行

ふりがな 氏名		年齢　　歳 男・女
住所	郵便番号　　－	
Eメール		
職業又は学校名		電話（自宅・職場） （　　）
購入書店名（所在地）		購入日　　月　　日

書名　（　　　　　　　　　　　　　　　）愛読者カード

本書についてのご感想をおきかせください。また、今後の企画についてのご意見もおきかせください。

本書購入の動機（○で囲んでください）

A　新聞・雑誌で　（紙・誌名　　　　　　　　　　　）

B　書店で　C　人にすすめられて　D　ダイレクトメールで

E　その他　（　　　　　　　　　　　　　　　　　）

購読されている新聞，雑誌名

新聞　（　　　　　　　　）　雑誌　（　　　　　　　　）

直接購読申込欄

本状でご注文くださいますと、郵便振替用紙と注文書籍をお送りします。内容確認の後、代金を振り込んでください。（送料は無料）	
書名	冊
書名	冊
書名	冊
書名	冊

地域共同体の核として、住民の心の交流の場になっている。

三百年の歴史

春秋２回の講のとき、講員にかつがれ宿替わりする回り田の神像
＝有明町西大久保

年号の書いてある田の神像で最も古いのは、鶴田町紫尾井手原の一七〇五（宝永二）年。古い五体はいずれも仏像型で、薩摩地方に集中していることから、民俗学研究家の小野重朗さんは「紫尾山を中心とする山岳仏教を母胎として田の神信仰が発生したのだろう」と見ている。

十八世紀初めに発生した田の神像は、急速に大隅、宮崎県諸県地方に広まっている。なぜこの時期に田の神像が発生して島津藩内に限って伝播、分布したのだろう。

小野重朗さんは、一七一六〜一七三五年（享保年間）に九州でも石仏石神造立ブームが起こり、熊本や宮崎などで地蔵、大師石像などが盛んに造られており、その影響が島津藩にも及んだのだろうとみる。一方、鹿児島民俗学会代表幹事の村田熙さんは、この小野説や新田開発ブームを背景に認めながら「霧島の噴火説」に注目している。

『鹿児島県史』によると、享保〜天保年間に霧島・桜島の噴火や大干ばつ、風水害、虫害などによる凶作と飢饉が続いた、とある。例えば、有明町下野井倉の田の神は一八三二（天保三）年作だが、この年六月は干ばつで、農村では雨ごいの踊りなどが盛んだった――など、災害発生前後に造営された田の神が多いというのだ。自然の異変が起こると、修験道山伏ら宗教者らのすすめもあり、像を刻んでひたすら祈ったのだろう。

除災招福を像に託すのなら、他県のような地蔵や大師像を彫らなかったのはなぜだろう。当時、薩摩藩は庶民仏教（浄土真宗）を禁圧しており、庶民は地蔵のような宗教的偶像になじめなかったようだ。「もっと素朴で単純な農作の神として田の神像が生まれた」と、小野さんはみている。

【番外編 2】

田の神さあ（下）

その魅力

皮肉たっぷり農民型像

農耕の神として知られる田の神さあは、初期は「郷士階級を中心に、地蔵や観音像の造立と並行する形で造られたのだろう」。鹿児島民俗学代表幹事の村田熙さんは語る。初期のものは、薩摩が仏像型、大隅・宮崎県諸県地方は神像型が多い。いずれも石工の腕も確かで、格調と風格がある。刻像に精通した石工の作品が多かったのだろう。

その後、農民にも造立ブームが起こり、講集団や年齢集団、地域集団ごとに造られるようになった。田の神像へのイメージもさまざまに変わる。「田の神は、春は山から田に下り、秋に山へ帰って山の神になる」との伝承が各地にある。このイメージを旅僧の行状にダブらせて旅僧姿の田の神像がうまれた。また托鉢僧を模した像や神舞型も出現する。いずれも農民が日常、目にする姿をモデルにしている。そして短衣短袴《はかま》のドロ臭い農民型が広く普及した——と村田さんは説明する。

人間臭い農民型

農民型になると、石工にも遊び心が出るのか、その姿態はあっけらかん。庶民的でユーモラスな像が多くなる。蒲生町高牧の田の神像は舌を出している。姶良地方には〝ベロ出し像〟がほかにもあり、田の神研究者の野田千尋さんは「権力への農民のささやかな抵抗」（『田の神像』）と絶賛した。しかし、村田さんは「田んぼに悪霊が入り込まないよう一種のまじないだろう」と見る。

大根占町半ケ石には、左足は下駄、右足に草履を履いた田の神像がある。村田さんは「当時の農民は貧しく素足の生活。下駄や草履が履ける階層への皮肉と見えないか」と語る。加治木町日木山上の田の神は、右手をコメカミ辺りにあててテレ笑いしている。大崎町西井俣のそれは、アバラ骨の胸やヘソを丸出し、顔をゆがめているなど百体百様。農民のおおらかさがにじみ出ている。

おおらかさといえば、方言の響きから田の神が庚申《こうしん》信仰と習合したケースも三十体ほどみられる。庚申のエトはカノエサルだが、この日に行う講を鹿児島市周辺ではサッドン講という。「作殿」を連想したらしく、作の神としての田の神像に「奉供養庚申……」などと刻んでいる。

道祖神の影響も

田の神さあは男性か女性か。後ろから見ると陽根そっくり。前面も男性像が多いが、なかには柔和な顔立ちで性別の判断がつかないものもある。これは仏像の影響だろう。

女性像の田の神は川内市や入来町などに見られるし、川内市や串木野市には一石に男女と思われる像が二体並立した田の神像が四十体ほど分布している。本州に多い道祖神の影響なのだろう。田の神像はさまざまの、民俗神が習合して南九州だけに花開いた農民文化といえよう。

「田の神像を新しく造ると、村の娘が一人いなくなる」という不思議な伝承もある。北薩民俗学研究会の花田潔会長が、鶴田町紫尾小路上の例を報告（『北薩民俗四号』）している。木造の田の神を彫ったら、娘が急死したので「娘は田の神になった」とうわささされたというもので、似たような伝承は各地にあるようだ。それで田の神を新しく造るのではなく、他所のものを盗む「田の神オットイ」が始まったという伝承もある。

田の神舞型として最も古いといわれる始良市蒲生町漆の田の神像

新田開発を記念した田の神造立もあっただろう。土木技術の未熟な当時の新田開発の苦難は想像以上で、民俗学者の中山太郎が説くように、人柱的な風習があったのだろうか。嫁殺し田の伝説は、全国各地にある。

柳田國男の「日を招く話」に出てくる「田植えの日に娘が死ぬ」伝説と関連があるのだろうか。そこに登場する悲劇の娘は、いずれも田植えの昼飯運び女で、ささいなことで主人に殺されたり、自殺した話が多い。その中で群馬県足利市の水仕女《みずしめ》をまつる水使《みずし》神社のご神体は、シャモジと飯鉢を抱えているという。田の神のイメージそっくりではないか。

だが、田の神造立が娘供犠となぜ結びつくか、まだ学会でも定説はない。村田さんも「今の段階では、そんな伝承を持つ田の神だから、豊作の呪力があると信じられたのだろう、としかいえない」と首をかしげている。

【番外編　3】

大根占剣神社の「鳥居びき」（錦江町）

「木やり歌」で神木迎え

南大隅地方には、十二年ごとに神社の鳥居を建て替える習俗がある。「鳥居びき」といい、婦女子らが「木やり歌」を歌い、踊って地区ぐるみで祝う。近年コンクリート製の鳥居がふえ、伝統の鳥居びきもめっきり少なくなった。そんな中でこのほど、大根占町上之宇都（四十戸）の剣神社の鳥居びきが行われた。

鳥居びきの前日、地区の代表が集落背後の坂下の杉山（川辺盛康町長所有）に入る。五十年生の杉のうち、鳥居向きの木四本を選び、根本に斧《よき》を立てる。翌朝入山して斧が倒れていたら、その木は山の神のもの、といわれ決して切らない。

翌朝、福岡道夫会長ら約五十人の男衆が山に入る。斧は倒れていなかった。「鳥居を建てもす。木をもろもんで」と山の神にコメ、塩、焼酎を供えて左の柱になる木から伐採する。直径約四十センチの木を長さ四・六メートルに切り揃え、根本に鼻ゲの穴を開ける。ここにカズラを巻き付ける。左の柱になる丸太、右の柱、鴨居、ヌキの順序で横に並べ、神職が祝詞をあげる「木起こし」儀式がある。木にコメ、塩、焼酎を注いだあと、神職が「この木は山一番の大木で、山の神からもらい受けて、里に引き下ろし、剣神社にご奉公……」と叫ぶと、男衆は「アラ、引き受けました」と応え、一本に十人がカズラに手をかけて左柱の用材を先頭に引きずり、山を下りる。

町水源地前の広場には、はち巻き、タスキがけの娘さんや、子供たちが待ち受けている。丸太が姿を見せると、三味・太鼓が鳴り「木やり歌」に合わせて踊り迎える。歌は、

〽出てきたぞ　出てきたぞ　山一番の大木が
サア　エンヤラサア　エンヤラサア

踊りは足を斜め上に交互にあげ、棒で鉦をたたいて拍子を取る単調なものだが、にぎやかで神木を迎える地区民の心情がにじんでいる。

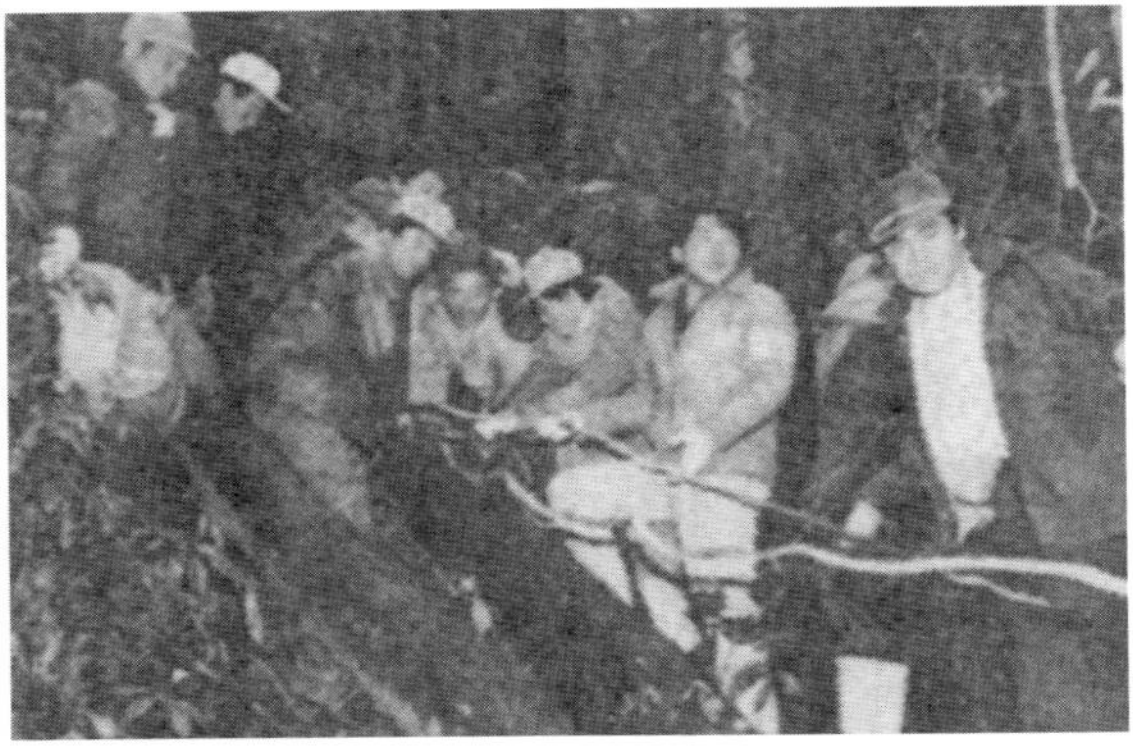

山中で神木の「木起こし」をする上之宇都の男衆

四本とも下ろし終わると、この場で一重一瓶のごちそうを開き、家族ごとに野外の宴を楽しむ。小一時間後、男衆はまたカズラに手をかけて約一キロ先の神社まで丸太を引く。このあとに婦女子が続き、辻ごとに踊りの輪をつくる。

実際の鳥居建ては四月に行う。

鳥居びきは大根占、根占、佐多町など南大隅地方でしか見られない習俗。長野県諏訪市の諏訪神社で、七年に一回行われる「御柱まつり」に似ている。南大隅に諏訪神社が多いところをみると、鳥居びきは諏訪神社の「御柱まつり」と関連があるかもしれない。

剣神社の祭神はヤマトタケルノミコトで、安土桃山時代に創建された、といわれる。カメにモミやシトギ入りの水を入れ、一年後の秋の例祭に開けて、水の減り具合で翌年の天候を占う。現存の鳥居は昭和四十九年に建てた。十二年ごとにめぐってくるトラ年に建て替える伝統だが、昨年(一九八四年)台風13号で公民館が被災したため、十三年ぶりの鳥居びきになった。

【番外編　4】

海垣漁跡（瀬戸内町木慈）

小魚すくい捕る垣漁跡

奥まった海岸を半円形に仕切った石積みの内側に、干潮時に取り残された魚介類を捕る伝統的な漁法が「海垣漁《うみかきりょう》」だ。その「垣起こし（修理）」が二〇一九（令和元）年六月八日、奄美大島の瀬戸内町加計呂麻島木慈集落（六世帯）にある奥まった入り江に半円形に石を積む、いわゆる「海垣修理」を、薩川小学校（下薗聡校長、児童八人）や地域住民ら十六人で行った（南海日日新聞報道）。児童らは古老の指導で台風や大波で崩れて散乱した幅約八十センチ、高さ約七十センチ、長さ約百メートルの垣を修復した。

木慈集落では、毎年旧暦五月五日が「垣起こし」の日で、その後干潮時になると、中央部にある魚の出入り口を網でふさぎ、潮が引いて逃げ遅れたキビナゴやイカ、カニなどの魚介類をサディ（手網）や竹かごですくい捕ったものだった。特に旧暦六月から八月の大潮時になると、大量のスク（アイゴの稚魚）が押し寄せ、村人は「ネリヤ・カナヤからの贈り物」と、集落民こぞってすくい捕るものだったという。この他、木慈の垣ではキビナゴやブダイ、チヌ、サヨリなどがカゴいっぱい捕れたという。ネリヤ・カナヤとは奄美でいう「祖霊神のいる海の彼方の理想郷」のこと。この原始的な漁法は一九六五（昭和四十）年ごろまで続いたが、近代漁法の普及と、急激な過疎・高齢化で、その後見捨てられていた。

薩川小では郷土学習の一環として、毎年旧暦五月五日に古老の指導で「海垣起こし」の学習を続けている。木慈集落の「海垣漁」は集落のものだ。民俗学者の小野重朗さんの話では、北大島の奄美市笠利町屋仁の海垣などでは個人所有で、「遠見番をしていた平家の落人・蒲生左衛門が退屈凌《しの》ぎに思い立って集落民に海垣の築き方や漁法を教えた」という口伝が残っているという。なお、加計呂麻島には押角集落にも海垣漁跡が残っている。木慈集落の海垣漁跡は瀬戸内町の指定文化財（記念物）になっている。

海垣漁はかつて九州から沖縄まで多く存在していた。その名前も石干見（イシヒミ・長崎県諫早市など）、スケアン（長崎県五島市）さらに石ヒビ（大分県宇佐市）、出水地方では「スキ」という。また魚垣（カツ・沖縄県下地島）、垣（カチ）と呼ぶ沖縄県石垣島などさまざまだが、半月状に石を高さ五、六十センチに囲い、干潮で逃げ遅れた小魚をサディですくい捕る素朴な漁法に変わりない。沖縄県竹富町小浜島の南岸には、幅十二メートル、長さ千二百メートルに及ぶ世界最大の魚垣（ナガキ）があり、琉球王朝時代に、この島出身の女官のために築かれたと伝えられている。石垣市白保には、第二次世界大戦前、十六基の海垣があったといわれる。二〇〇六年十月に、白保魚湧く海保全協議会が、長さ四百メートルの垣を白保に復元し、活用されている。宮古島市下地島の海垣は、

かつてスクやキビナゴなどの小魚漁でにぎわった木慈の海垣漁跡（2005 年撮影）

「未来に残したい漁業・漁村の歴史文化財百選」に選出されている。

私が木慈の海垣漁跡を確認したのは、二〇〇五（平成十七）年で、拙書『奄美の債務奴隷ヤンチュ』の取材で、加計呂麻島を回ったころだ。実久から瀬相に向かう途中、木慈集落でその存在を発見した。昔の集落の歴史を伝える貴重な漁法で、元区長の多野卓二さん（五四）ら木慈集落民は「先祖が残した貴重な財産。観光資源の一つとして活用出来ないか」と模索している。瀬戸内町図書館・郷土館の学芸員の町健次郎さん（四三）も、海洋専門紙「かごしまタラソ・ニュース」で、「文化遺産としての価値もですが、地域住民とのかかわりの中にある里海的な発想が根っこにあると思う」と、海垣の意義を評価している。

ちなみに「タラソ・ニュース」によると、大分県宇佐市では観光協議会が千六百万円をかけて石ヒビを復元。子供たちの体験学習や観光施設として活用、ブルーツーリズムの一環として地域活性化につながっている。

主な参考文献

小野重朗『かごしま民俗散歩』南日本文化新書、一九六六年七月二十八日
小野重朗『民俗神の系譜』法政大学出版局、一九八一年七月一日
小野重朗『鹿児島祭事十二月』西日本新聞社、一九七八年九月十八日
小野重朗『神々の原郷』法政大学出版局、一九八一年七月一日
小野重朗『奄美民俗文化の研究』法政大学出版局、一九八二年十月二十五日
小野重朗『南九州の民俗文化』法政大学出版局、一九九〇年十二月十日
下野敏見『タネガシマ風土誌』未来社、一九六九年六月三十日
下野敏見『さつま路の民俗』丸山学芸図書、一九九一年十月二十日
下野敏見『南日本の民俗文化誌　全十二巻』南方新社、二〇〇九〜二〇一六年
下野敏見『南九州民俗芸能』未来社、一九八〇年九月十日
下野敏見『生きている民俗探訪　鹿児島』第一法規、一九七九年
北山易美『黒潮からの伝承』南日本新聞開発センター、一九七八年八月一日
宮本常一『大隅半島民俗探訪録』慶友社、一九六八年十月二十日
上野和男ら編『民俗研究ハンドブック』吉川弘文館、一九七八年八月十日
小野重朗『十五夜綱引の研究』慶友社、一九七二年九月十日

小野重朗・文、鶴添泰蔵・写真『鹿児島の民俗暦』海鳥社、一九九二年十一月十日
民俗學研究所編『改定綜合日本民俗語彙1～5巻』、平凡社、一九五五年六月三十日
鹿児島県教育委員会『鹿児島県の祭り・行事』株式会社あすなろ印刷、二〇一八年三月
鹿児島県教育委員会文化課『鹿児島県の民俗芸能』株式会社あすなろ印刷、一九九二年三月
『日本民俗学大系　第12巻』平凡社、一九八五年四月三十日
小野重朗『田の神サア百体』西日本新聞社
野田千尋『田の神像』木耳社、一九七一年十一月二十二日

あとがき

新聞連載「かごしま民俗ごよみ」を書いたとき、私は四十四歳で、記者として最も脂の乗っていたころだった。前年の「かごしま母と子の四季」を含めて、鹿児島県の四分の三の旧市町村をまわって取材したことになる。よくぞ、二年間連続で年間企画をこなしたものだ。女子マラソンのアトランタ五輪で、銅メダルを獲得した有森裕子元選手が「メダルは銅だったけれど、自分を自分で褒めたいと思う」と語ったが、私もいま同じ気持ちだ。

しかもこの二本とも、南日本新聞社の特別なはからいで、復刻書籍化された。元記者として、こんな幸せな男はいない。特にこれら記事の復刻出版を後押ししていただいた、南日本新聞社の水溜栄一元社長と光安善樹取締役兼編集局長、それに著作権担当の岩松マミ、桑畑正樹両記者には、心から感謝している。お陰さまで鹿児島県民の貴重な民俗資料になった、と確信している。

この新聞連載や拙い本になるまで、当時取材に応じて教えてくれた多くの県民の方々や、その民俗の意義を指導してくださった故小野重朗先生や故村田熙先生、下野敏見先生ら鹿児島の民俗学の権威ある先生方のご指導があったればこそ、この書が日の目をみたのを決して忘れない。さらに、この書に「序文」を提供してくださった所崎平鹿児島民俗学会代表幹事ら鹿児島民俗学会員の皆

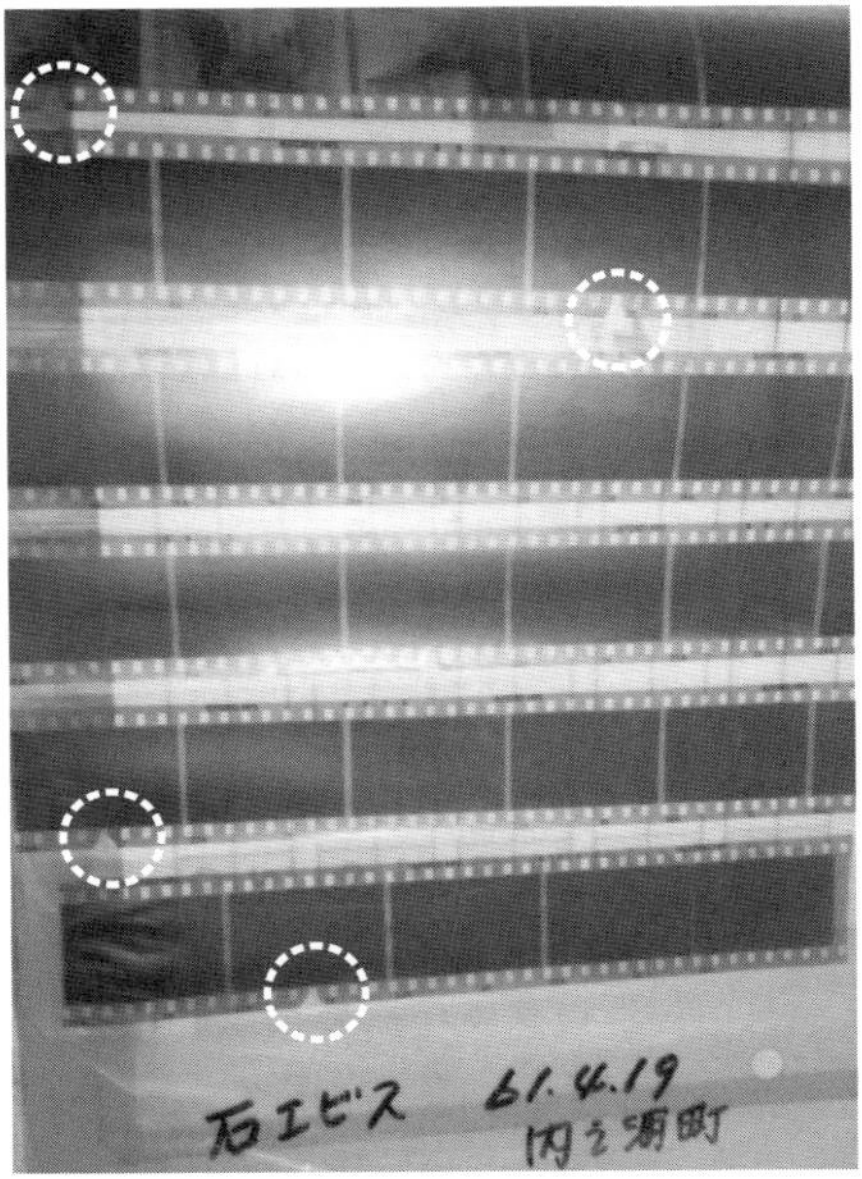

昔のハサミ入れが、今ではアダになった保存フィルムの一つ

さまに、大変お世話になった。衷心よりお礼を申し述べたい。私は、これまで顧みられなかった鹿児島の小さな「野の民俗」をあえて拾い集め、記録したつもりだ。これらが鹿児島の民俗研究の資料の一部になれば幸いだ。

長期連載記事のスクラップを根気強く書き写してくれた、神奈川県在住の長女・武士俣真実にも感謝している。社会保険労務士の多忙な仕事と、三人の子育てをしながら「病身の父の負担を、少しでも軽くしてあげたい」という、父思いの気持ちだけで、九十五回分をすべて書き写してくれた。その自発的行為に感激し、涙がこみ上げる。このように、多くの方々のご理解とご協力がなければ、実現できない書であることを肝に命じている。

十数年にわたり私の拙い書の数々の出版を快く引き受けてくれた、南方新社の向原祥隆社長には感謝の極みだ。長年ありがとうございました。また、きめ細かな編集作業に、精魂込めて努力された同社編集部の梅北優香さんにも、心からお礼を申し述べる。

最後にこの連載の取材と写真撮影は、すべて私一人でやった。しかし、保存していたはずの、肝心の「写真ネガ」が見つからない。写真掲載は必要不可欠だ。書籍化を断念するには、お世話になった多くの人たちに申し訳がたたない。悩む私の姿を見ていた妻・百合子は「どうしても、本の姿を見たい」と数日間、家中を捜し回り、ついに、〝珠玉の宝物〟というべき三十四年前の「ネガ冊子」を発見！　それを業者にデータベース化を頼む。コロナ禍の影響で三カ月待った。写真の手焼き時代は、フィルムを焼いてほしいコマにハサミを入れ、写真部に提出すると、そのコマを焼いてくれるものだった。ところが業者の話だと「このハサミ入れをフィルムの〝傷〟と認識し、機械に入れてもはじかれる」という。そこで南日本新聞社読者センターにお願いして、同社所蔵の保存写真を快く使わせてもらった。

一冊の書が世に出るまでに、いかに多くの人々のご理解とご協力、時間が必要なのかを身に染みて感じた。皆さん、本当にありがとうございました。心から深謝します。

（コロナ禍で、不安いっぱいの日々に）

執筆者プロフィール

名越　護（なごし・まもる）

1942（昭和17）年、奄美大島宇検村生勝生まれ。鹿児島県立甲南高校から1965（昭和40）年、立命館大学法学部卒。同年3月記者として南日本新聞社入社、2003（平成15）年、編集委員で同社定年退職後、執筆活動に入る。鹿児島民俗学会会員。著書に『南島雑話の世界』（南日本新聞開発センター刊）、『奄美の債務奴隷ヤンチュ』『鹿児島藩の廃仏毀釈』『自由人　西行』『クルーソーを超えた男たち』『鹿児島　野の民俗誌』（ともに南方新社刊）など多数。『南島植物学、民俗学の泰斗　田代安定』（南方新社刊）で、第43回南日本出版文化賞受賞。78歳。

住所　〒890-0032 鹿児島市西陵1丁目24−15

鹿児島民俗ごよみ

二〇二一年五月二十日　第一刷発行

編　者　南日本新聞社
発行者　向原祥隆
発行所　株式会社 南方新社
〒八九二−〇八七三　鹿児島市下田町二九二−一
電話　〇九九−二四八−五四五五
振替口座　〇二〇七〇−三−二七九二九
URL　http://www.nanpou.com/
e-mail info@nanpou.com

印刷・製本　株式会社 イースト朝日
定価はカバーに表示しています
落丁・乱丁はお取り替えします
ISBN978-4-86124-447-6　C0039